日本はテロを阻止できるか？

日本安全保障・危機管理学会ワシントン事務所長
GLOBAL ISSUES INSTITUTE 代表取締役
吉川　圭一

KSS 近代消防新書 010

近代消防社 刊

日本はテロを阻止できるか？

目次

はじめに——本書成立の経緯

もともと私がワシントンに事務所を構えた理由は、この本を書くためだったと言っても過言ではない。ワシントンに事務所を構えた直後に、米国が９１１の後に再発防止のために設置した国土安全保障省（Department of Homeland Security：ＤＨＳ）の初代長官にして、その前段階としてホワイトハウス内に設置された国土安全保障会議（Homeland Security Council：ＨＳＣ）の初代担当大統領補佐官だったトム・リッジ氏のインタビューを行ったほどである。テロ対策は私にとって、ライフ・ワークの一つだった。

ところが偶然にも時を同じくして東日本大震災が起こった。ＤＨＳとは特殊な省庁で、テロ対策と防災政策を、一緒に行っている。日本国内での緊急性や重要性等を考えた私は、まず防災政策に関して焦点を絞った。その結果として出来上がったのが『９１１から３１１へ—日本版国土安全保障省設立の提言—』（近代消防社：平成25年刊）および『３１１以降——日米は防災で協力できるか？』（近代消防社：平成27年刊）である。

それらの主軸をなす米国におけるインタビュー調査の多くは、一般社団法人日本安全保障・

危機管理学会（ＪＳＳＣ）の機関誌に、同学会ワシントン事務所長として連載させて頂いたものである。もちろん日本国内で行われた重要インタビューも多い。

このような調査の進展により私は、米国の国家安全保障会議（United States National Security Council：ＮＳＣ）と危機管理の関係に関して興味の重点を移して行った。米国のＨＳＣは、ＮＳＣと協力関係にある。日本のＮＳＣも、ＨＳＣと類似した存在とも言うべき内閣危機管理監室と協力関係にある。

従来型の国家は、グローバル化の進展により崩壊しつつある。その結果として従来型の戦争の脅威は、少しでも逓減したかもしれない。その代わりに今まではなかったような大規模な自然災害の被害やテロが、グローバル化の何らかの副作用として大きな問題になって来た。それへの対処という新しい政策が危機管理である。

それが私の作品を貫く主旋律である。それでは従来型の国家安全保障を司るＮＳＣと、危機管理を司るＨＳＣ、ＤＨＳや内閣危機管理監室、内閣府等の関係は、どうあるべきか？

そのような問題意識を持って私は、ＪＳＳＣ機関誌での連載を続けさせて頂いた。そこへパリ、カリフォルニア、ブリュッセル等でのテロ事件が発生した。

たまたま前二作で使われなかった前述のような問題意識によるワシントンでの幾つかのイン

タビューが、ブッシュ二世政権で911以降にテロ対策に関係した人々に対するものだったこともあり、いよいよ私は本当に書きたかったテロ対策の本を書くこととした。

それが本書である。前述のワシントンでのインタビュー以外にも、公開された情報や逆にオフレコ前提での日米双方での多くのインタビューに基づいた拙論そして日本の重要な閣僚級の方々へのインタビューをまとめてみた。

また出版社の意向もあり本書の後半では東京マラソンそして伊勢志摩サミットの警備に関して取材を行った。その結果として日本のテロ対策には、省庁間の協力だけではなく、民間との協力も重要であることが浮き彫りに出来た。

さらに本書の原稿整理中に、フロリダでの銃撃事件やダッカでの邦人殺害事件という、従来のものとは異なる、いわば個人主体のテロや海外で邦人が大規模に巻き込まれるテロが起こった。これも民間との協力なしには阻止できないタイプのテロである。そのような今までの私の提言とは少し異なる問題も、盛り込まざるを得なくなった。

そのため内容の一貫性の点で、戸惑われる方もいるかと思う。また前著はインタビューを各章として、補足的なコラムを付加する形だったが、今回は比較的短いインタビューもあれば、かなり長いコラムもあるような形となった。いわばテロ対策に関する漫歩書である。ご興味のある部分だけを読んで頂いても、多くの方々のお役に立てると思う。

但し本書の「提言　日本はテロを阻止できるか?」こそ、本書の出発点であると同時に結論である。これは最初に日米双方での多くのオフレコ取材と公開情報の双方に基づき月刊『Voice』誌(PHP研究所)平成27年10月号に掲載して頂いたものである。それが機縁となり日本国内での取材等も大幅に捗るようになった。PHP研究所を中心とする多くの関係者の方々に、心から感謝申し上げる次第である。

そして〝危機管理の要諦は「情報共有」にある〟という一点だけは、前二作と本書の、特に提言部分で一貫している筈である。それを起こすハブ的な存在として内閣府を重視するべきということも同じである。

ただ本作で付け加えられた、もう一つの重要な要諦は、「企画部門と実施部門の分離」であろう。これが出来ていないと新しい事態への対処が難しくなる。これが米国で非常に重視されていることは、本書に収録されたワシントンでの幾つかのインタビューをご一読いただいても、ご理解いただけると思われる。だが日本では、例によって省庁縦割りの弊害のために、上手く行っているとは言えない。

さらに本書成立の最終段階になって浮き彫りになったのが、先にも触れた民間企業等と政府機関の協力関係の重要性である。米国のようにプライバシー保護を重視し、また民間警備会社の暴走等の可能性を理解しつつ、そのような諸問題を乗り越えて官と民が連携するシステムも、未だ日本では出来ていない。

内閣府の充実やＮＳＣの今後の活動が、この問題を解決できるか？　テロ対策等だけではない。日本における危機管理が上手く行くようになるかどうかは、そこに全て掛かっていると言っても過言ではないだろう。

本書が成立するにあたっては、インタビュー等に応じてくださった、日米双方の有力な方々と同時に、無名に近い人物の本を三冊も出版してくださった近代消防社の社長である三井栄志氏および編集者の石井政男氏に大変お世話になった。心から感謝申し上げる。

また私ごときをワシントン事務所長に任命し機関誌に連載を持たせてくださったＪＳＳＣ理事長二見宣氏および機関誌編集長格で理事の一人である三林和美氏に対しても同様の感謝を捧げたいと思う。

一人一人の名前を出すことは字数の関係上できないが、ワシントンで、そして東京で、アシスタントとして働いてくれた、多くの若い日本人にも心から感謝している。

そして、この三部作の米国取材部分は、ワシントンに事務所を構え、半世紀近くに渡って日米関係コンサルタントとして活躍し、歴史を陰から動かした中村忠彦氏のご協力がなければ、決して書かれることはなかっただろう。中村氏は平成28年2月17日に、享年79歳で逝去された。謹んでご冥福を祈りたいと思う。

そのような方々のご恩に報いるためにも、そして一人の日本人としても、これからも日本の危機管理の在り方を改善するため、微力を尽くして行きたいと考えている。この本を手に取って頂いた方々にも、これからも私の活動等への何らかのご声援等を頂ければ、無上の光栄であると共に、同じ日本人同士として、日本の危機管理能力向上のために、共に歩んで頂ければ幸いと思う。

インタビュー①

マイケル・グリーン元ＮＳＣアジア担当上級部長

【インタビューの目的】

２０１４年５月19日、元ブッシュ二世政権の国家安全保障会議（ＮＳＣ）のアジア担当上級部長であるマイケル・グリーン〝先生〟に、同氏が日本部長を務める戦略国際問題研究所（ＣＳＩＳ）にて、日本の国家安全保障会議（ＮＳＣ）が、これからどうあるべきであるかという問題に関して、インタビューを行った。インタビューの８割以上が日本語で行われ、同氏の日本に対する深い理解を窺い知ることができた。このような同氏の日米双方の政治に対する理解により、日本版ＮＳＣの今後に関する、優れた示唆が得られれば幸いである。

マイケル・グリーン氏（右）と著者

【インタビューの内容】

1　国家安全保障会議（NSC）とは何か？

吉川　まず、大統領制の米国と、議員内閣制の日本との違いと、その中でNSCが、どうあるべきかに関して、先生のご意見をお聞かせください。

グリーン　ご存知のように米国が大統領制なのに対し、日本は議院内閣制で、日本のNSCは、米国のNSCのシステムを部分的に取り入れることもあるかもしれませんが、どちらかというと、必然的に規模も小さく政治任用というよりは官僚寄りの、イギリスやオーストラリアのような形になるでしょう。

（ここからグリーン氏は、米国の歴代大統領や国家安全保障担当大統領補佐官を理論的に分類し、その観点から安倍晋三総理や谷内正太郎国家安全保障局長の在り方に関する分析を加えられた。極めて優れた内容であったが、字数の制約と本書の性質の関係上、今回は省略し別の機会に公表したい。）

米国でのNSCですが、次の三つの役割があると考えています。一つ目は大統領、日本であれば首相に有用な助言を行うこと。NSC単体としての助言のみならず、各省庁からの情報のとりまとめも行うことです。NSC設立以前には、安倍総理は外務省、防衛省、情報担当部局等々——個々の省庁より個別の説明・報告をバラバラに受けていましたが、ＮＳＣが存在することによって、ＮＳＣとしての専門的な助言は勿論、各省庁からの情報も取り入れた上での、総合的な助言が提供できるようになるという意味においても有効なわけです。

ＮＳＣの二つ目の役割は調整役です。例えば米国のＮＳＣは、大統領、国防長官、国務長官などで構成される国家安全保障会議、大統領を含まず国務長官、国防長官など各省長官で構成される閣僚級会議そして副長官級会議さらに私も参加していたＰＣＣという局長級会議など様々な会議とかかわり、その調整役を担っています。なんらかの懸案に対し、局長級でできるだけ調整し解決するように務め、そのレベルで解決出来なければ副長官級、副長官のレベルでできなければ長官級そして本当に解決できなければ大統領の判断に委ねることとなるわけですが、その調整を行っているのです。言い換えれば大統領の命令を確実に反映させつつ、諸問題が大統領レベルの前段階で処理されるよう努めているわけです。時には大統領に最終判断を委ねざるを得ない状況も生じますが、主たる目的は、膨大な数のささいな事案にまで、大統領の労力が割かれるようなことにならぬよう、大統領のかかわる事案の数を限定し、重大なもののみに絞り込むようにしています。

三つ目は、安保担当補佐官やＮＳＣは大統領の公式の代理人——米国の代表としての任務です。安保担当補佐官やNSCの担当官は、そもそも大統領に近い存在なので、他国の政府と公式な会談等で、踏み込んだ交渉を行うことができるのです。例えばブッシュ大統領&小泉総理の時代の安倍官房長官と私との交渉は、安倍氏は小泉総理と直接やりとりができ、私はブッシュ大統領と直接やりとりできるという立場で行われたので、非常に有意義なものとなりました。そのような意味で、この第三の役割は、韓国、中国、ロシア等と、外務省だけでは担いきれない懸案をかかえている現在の日本にとって、非常に重要なものとなるに違いありません。

以上がNSCの三つの役割で、私は日本のNSCも、この三つの役割を担おうとしているのだと思います。

2　三層構造による調整

吉川　日本において同様の閣僚級、次官級、局長級の三層構造を、どのように作っていくか——それを一番伺いたかったのです。

例えば日本の政治は、事前の調整に時間をかけすぎているので、三層構造を日本に持ち込むと、かえって身動きができなくなるんじゃないか——という意見もあります。

あるいは、この三層構造が米国で上手くいっているのは、大統領が局長から日本で言う課長ぐらいまで任命できる制度があるからである。だから日本もそうしないとダメなのではないでしょうか。安倍総理は、それも今やろうとされていますが、これらの問題をグリーン先生は、どのように思われますか？

グリーン　安倍総理だったらできるでしょう。総理大臣が毎年変わるならば、いいスタッフは官邸に行きたくなくなります。大学の仕事を辞めたり、あるいは外務省や防衛省だったら、課長や審議官を辞めて官邸に行く動機がなくなります。だから安倍総理の政権が長く続けば、ＮＳＣの機能が強まると思います。外交等に全く興味のない総理だったら、ＮＳＣはあまり機能しないかもしれないですが。

　そして本当に総理の指導力を高めたいのならば、三段階で調整した方が上手くいくと思います。たぶ

三層構造による三段階の調整

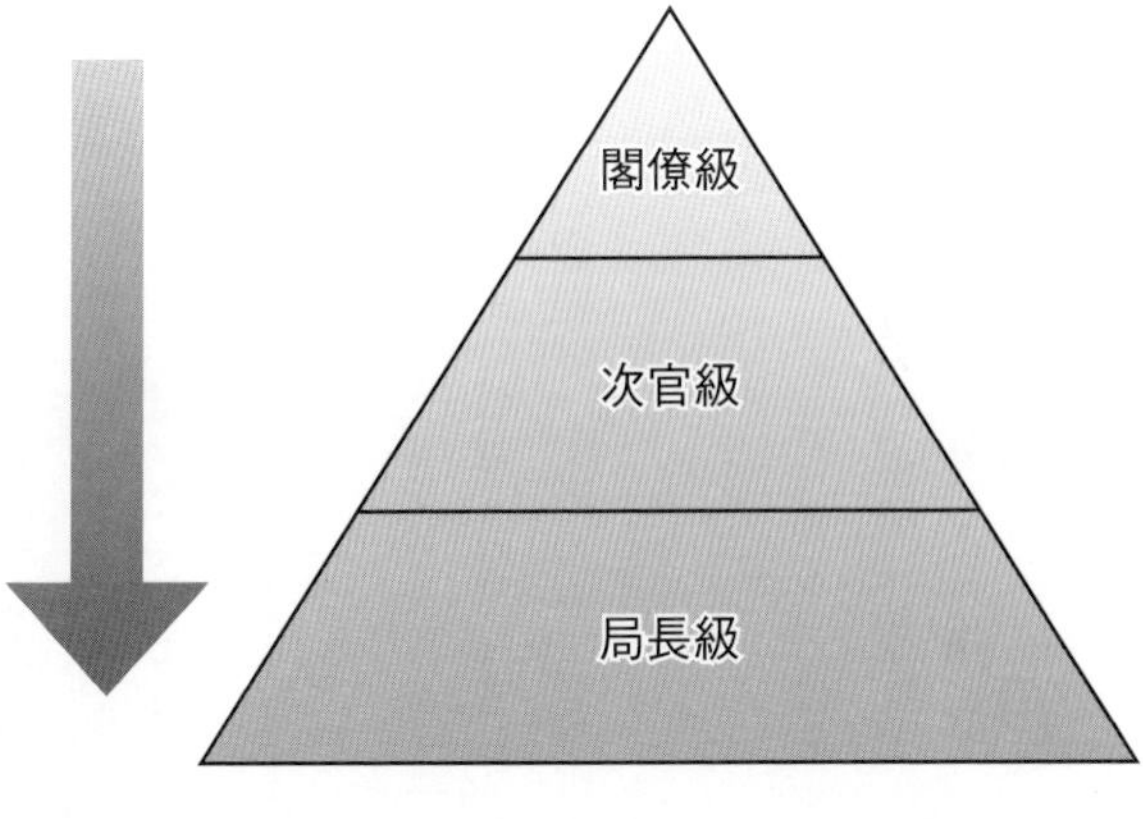

ん総理に色々決定して欲しくない人が、反対すると思います。総理が、内閣と相談しながら決める制度なら、やっぱり段階的に、その調整が必要だと思います。

私が担当した政権下でも、必ずしも全ての場面において長官級、閣僚級といったような問題処理の流れがあったわけではありません。問題への対応方法は状況によりけりで、次官級レベルに留められることもあり、つまり全ての問題が、この三段階で処理されていたというわけではないのです。より具体的に言えば、ほぼ9割の問題処理においては、この三段階全てがかかわることなく、つまり三段階のうちの一段階、場合によっては二段階のみで処理されていました。全ての段階がかかわるのは時間的に不可能で、実際、ほとんどの問題は一段階のみで処理されていました。

例えば私はアジア担当上級部長でしたので、なんらかの課題が生じた場合は、まずコンドリーザ・ライス国務長官と対応について協議します。そこでライス国務長官は、これはできればあなたのレベルで解決してくださいといった指示を出し、それに基づき我々は局長級で協議し、さらに必要であれば副長官級まで課題を格上げし、最終的には安保担当補佐官が、その時点で課題が解決されたか否か、長官級への格上げの必要性の有無もしくは局長級レベルでさらなる対応にあたる必要性の判断をすることになります。つまり安保担当補佐官には、外交に関する各課題が、最も効率的かつ効果的に処理されるよう、ある時は大統領の判断が必要またある時は大統領と安保担当補佐官の二人の判断…といったような、課題振り分けの手腕が問われるわけです。

イラクに関しては、イラク戦争開戦以前から、多くの会議が大統領とごく少人数のメンバーで行われましたが、開戦後は更に多くの会議が、より頻繁に行われるようになりました。

日本に関しては、そもそもブッシュ大統領は日米同盟は強化されるべきという非常に明確な意思を持っていたので、副長官級の会議が一つあっただけで、他の多くの会議は事務レベルでした。ブッシュ大統領に加えリチャード・アーミテージ国務副長官、ライス国務長官ならびにドナルド・ラムズフェルド国防長官も非常に明確な意思を持っており、結果としてほとんどの対応が、私のレベルで可能であったため、長官級、副長官級の会議は、必要なかったということです。

3　政治任用の重要性

吉川　米国でそれができているのは、やっぱり局長級いや日本で言う課長級、場合によっては統括係長まで大統領や国務長官、国防長官が任命できることが大きいのでしょうか。日本は安倍総理が少しでも同じことをやろうとしていますが、やはり政治制度の違いで、どれくらいできるのか。それが十分にできないと日本版NSCは機能しないのではないか？――という意見がありますが、これについて先生のご意見はいかがでしょうか。

グリーン　日本の民主党による副大臣や政務官の任命は上手く行きませんでした。有力な議員もいましたけれども、7割ぐらいはアマチュアで上手く行きませんでした。だから国会議員を任用する制度は、リスクが大きいと思います。ほとんど外交、防衛の専門家ではありません。米国の場合はシンクタンクに外交防衛専門家は山ほどいます。そして大統領は、少なくとも4年できます。大学教授やシンクタンク、財界の方などは、いまの仕事を辞めても4年くらい大統領の仕事を実行する機会があります。給料は安いかもしれないですけれども、歴史に残るような仕事ができます。日本の場合だと、大学や会社のポストを辞めて政府に入って、また6か月で辞めるかもしれません。政治任用は、これ以上増やすのは難しいのではないでしょうか。ただしNSCの場合は、もう少し増やす余裕はあると思います。

吉川　私も民間から、もう少し入った方が良いと思うのですが、やはり日本の場合は、官僚の中で総理の方針と合う人を持って来る方が、上手く行くと思います。

グリーン　そうですね。米国も、そうです。米国NSCの7、8割は官僚です。僕みたいに政治任用で、大学やシンクタンクから入る人は、２割ぐらいです。

吉川　先生は先ほどからトップが長く続かないと上手くいかないとおっしゃっていますけれども、日本の場合は議員内閣制その他の事情があって、安倍総理にはできるだけ長く総理を続けて頂きたいのですが、その後そうなるかどうかはわかりません。その時、外交の継続性を考えても、総理が変わる度に人が変わるのではなく、官僚機構の中から人を選ぶ方が、望ましいのではないでしょうか。

グリーン　安倍総理の影響で、これから日本の外務省や防衛省は、日本のシンクタンク等を無視できなくなってきました。将来もしかしたら、官邸に入って、影響力のある高官になるかもしれませんから。今までと違って日本のシンクタンクの皆さんと調整するメリットが大きくなります。ですから短期政権で、外交・安保に興味がない総理大臣がいても、外務省、防衛省と、有力な研究所とか知識人の間の、勉強会などが続けば、いつでもＮＳＣに優れた人材が集まると思います。

外務省は、これを良く分かってるのです。だから例えばＣＳＩＳで最近、短期の客員研究員を呼んでいます。これは外務省がスポンサーをしています。これから外務省、防衛省などは、シンクタンクにいる有力な専門家との意見交換などが、一段と必要となってきました。彼らは、米国の研究所や政府にも影響を及ぼすし、議員やマスコミにも影響を及ぼします。さらに、もしかしたら将来ＮＳＣに入るかもしれません。

米国も政治任用は、戦前は外交・安保にはあまり無かったのです。国務省は長官以外ほとんど外交官でした。政治任用は本当にベトナム戦争以来なのです。今のように何千人が入るというのは。

4　国内の危機管理と情報に関する諸問題

吉川　そういう日本の社会の体質改善は非常に大事だと思います。でもＮＳＣだけで、日本の膨大な官僚機構を管理できるのか。特定秘密保護法案というのは、まだ不十分だと僕は思っているのですが、なぜあれだけ反対が出たのかというと、例えば東日本大震災の時に、放射線量の情報がどうであるとか、日本の経済産業省等が役所の立場を守りたいので不都合な情報は出したくないとか、そういう日本の官僚の体質が分かっている日本国民が、あんまり政府のことを秘密にして欲しくない気持ちは、確かにあったと思うんです。それで僕は米国連邦緊急事態管理庁（ＦＥＭＡ）や米国国土安全保障省（ＤＨＳ）の研究をして、そういう開示した方が良い情報を、できるだけ開示する。少なくとも政府のお役所同士では、きちっと情報を共有する。

そういう役割は先生がＮＳＣの役割としておっしゃられたように、大統領や首相の命令が、すぐに実行できる準備をする役割だと思います。その調整をＮＳＣや内閣官房から行うだけではなく、日本にもＦＥＭＡのようなものを作ろうという意見が今ありますけれども、内閣府の方にそういうＦＥＭＡのようなものを作り、常時横から開示した方がいい情報に関しては積極的に開示するようなシステムを作る方が望ましいと、私は考えているのですが。

グリーン　米国の場合はＦＥＭＡが必要となったのは、州の権限が強いから、連邦政府の調整が難しかったからです。日本の場合、国内の危機管理制度は、今ぐらいでいいと僕は思っています。

東日本大震災の時に危機管理制度が上手く働かなかった原因の一つは、菅総理に全然危機管理の経験がなかったからだと思います。民主党の党としての政策決定過程が、最初から上手く機能していませんでした。また東京電力は、情報共有をしませんでした。そういう問題があったと思います。福島第一原発の事故がなくて、津波と地震だけでしたら、日本の危機管理制度は、上手く機能したのではないかと思います。

民間の病院や市役所等との協調に色々なずれがあったと思いますが、その調整のための新しい組織よりも、法整備が必要かもしれません。

情報の話になりますと、特定秘密保護法案は非常に良かったけれども、まだまだ足りないかもしれません。重要なのは情報部局は、政策者から独立した分析を、総理に提出する必要性があることです。例えば僕がNSCにいた時、毎朝CIAは大統領向けのブリーフィングを行いましたけれど、事前に政策側と全く調整がなくて、むしろ禁じられています。ブリーフィングの後に、例えばアジアに関する分析があったならば、時々大統領に頼まれて、自分の分析を書いたりしました。政策者が影響すると、自分の政策は上手くいっているという結論に、いつもなってしまいます。ですから独立した分析が必要というのが一つ。そして二つ目は各役所の情報部局の調整です。防衛省の情報本部の分析と、警察の分析と、外務省の分析は、全く調整せずにバラバラな分析だと、安倍総理が僕に指摘してくれたのですけれども、総理には、30分ごとに防衛省の情報本部はこう思ってる、30分ごとに警察はこう思ってる――という話を聞く余裕はないのですから、やはり統合した情報が、できるだけ必要と思います。でも、そうなると秘密保護の壁等も、今より強化する必要性も出てきます。

ただ民主主義国家ですから、情報開示も考えなければなりません。米国の場合は、伝統的に上院、下院の情報担当委員会がありますが、日本の国会議員からは、情報が漏れ過ぎだと思います。日本の文化だと、若い議員が本当にセンシティブな情報を持ってる時、自分の派閥のボスに頼まれたら、「I can't tell you, sorry」とは、なかなか言いづらい。そういう政治文化の改革が必要かもしれないです。

吉川　少し話が戻りますが、日本の内閣官房にも阪神・淡路大震災の後、内閣危機管理監室というのが出来て、これを今後どうするのか。せっかく日本版ＮＳＣができたので、事務局だけでも一緒にした方がいいのではないかという意見もあります。米国でも９１１の後に国土安全保障担当大統領補佐官がＮＳＣ担当補佐官以外に作られて、その下の事務局もありました。オバマ政権になってから、この二つの事務局が一緒になりましたが、どちらが良いのでしょうか。

グリーン　ブッシュ政権でも最初は一緒でした。そして別にした。そしてオバマ大統領が、また一緒にした。どっちも問題があるのかもしれないけれど、僕はどっちかというとブッシュ大統領のように、違う組織にした方が良いと思います。米国では国防総省、国務省、ＣＩＡなどは、ＮＳＣが出来て以来、緊密に協力した経験が長い。でも国土安全保障問題では、商務省とか、今まで協力していない安全保障政策を行う文化の無い役所が関係して来ます。僕は良く憶えているのですが、彼らの政策決定過程は、文化的に全然ＮＳＣと合いませんでした。全然、非効率的だったのです。

吉川　そこでブッシュ大統領は、ＤＨＳ等を作られたのでしょうか。

グリーン　そうです。オバマ大統領は、テロ対策を最優先と考えていません。もし米国内で大規模テロ事件が発生すれば、また別にするかもしれないです。日本の場合、官邸の危機管理は、ほとんど警察が行っているから、非常に効率的と思います。ただし警察の知識や分析力は、限られていて、例えば東シナ海やミャンマーで事件があった場合には、対処しきれません。もし官邸内の組織改革を考えているならば、国内の危機管理は、警察出身で行うべきですが、外交・安保関係は、同じ部屋を使っても良いのですが、外務省や防衛省から専門家を入れて、国家安全保障担当首相補佐官が、担当するべきと思います。

5　日本版NSCが作るべき日本の国家戦略

吉川　いま中国の力がどんどん大きくなって、中国と米国と、事を荒立てたくないという考えは、ワシントンでも多いように思いますが、やっぱり我々日本と米国は、昭和初期は不幸な歴史を経験しましたが、150年以上も自由、法治という価値観を同じくしてきました。オーストラリアなども同じなわけですから、それら諸国が協力して、そういう価値観を、中国の人達に分かってもらうまで、良い意味のバランスを作って行くための価値観外交が必要だと、先生もおっしゃっています。これを進めていく上で、これから日本のNSCは、米国やオーストラリア等と、どう協力していくべきでしょうか。最後に、先生のご達見をお聞かせ頂ければ幸いです。

グリーン　伝統的な外交官だと、日常の外交で忙しくて、あんまり戦略的に国がどこに行くべきか等を考える余裕がないのです。ですからＮＳＣスタッフは、日常の外交に介入しない方が、いいと思います。ただし国としての世界戦略の方向を決めるのが、非常に大事な役割です。

それは国力に基づく必要性があって、日本の国力は、経済いや文化が第一です。日本は周辺国と違って、かなり国民の求心力があります。韓国は今、非常に国内の対立が激しいです。台湾もそうだし、タイはすごく激しいです。だから日本の国力の一つは、国民の求心力です。もちろん議論があるのですが、でも内戦は考えられないし、日本の政治の中心は中道右派で二つに分かれていません。

もう一つが経済力です。冷戦時代には、経済が強くて外交・安保は弱くても、構いませんでした。この10年間の経済成長率は、２％弱かもしれないですから、やっぱり経済力だけでは足りません。外交力そして防衛力が必要です。そしてソフト・パワーです。日本のソフト・パワーは結構強いです。中国や韓国には、第二次世界大戦の歴史問題で、ソフト・パワーが強くないですけれども、でもアジア全体には結構強い方です。米国よりも強いです。特に東南アジアと南アジアに対して。その国力を全て生かして、国の方向を決めて外交政策を考えるのは、

ＮＳＣの役割です。

　価値観外交の話なのですが、中国は大国化しました。間違いなくアジアの中で力を持っている国です。経済成長率は７％程度で、軍事力も段々増加してきましたけれど、中国の価値観は、周辺国にとって魅力が全く無い。日本の価値観は、日本だけの価値観ではありません。自由主義、法治国家などは、やっぱり周辺国には魅力があります。これは、ある意味の国力です。ですからオーストラリアやインドなど、米国だけじゃなくて、民主主義国家との連携を強化するのは、良い外交戦略だと思いますね。

　ただ、中国を封じ込めるＮＡＴＯのような集団安全保障の組織を実現する考えは、周辺国にはありません。ですから段階的に色々な面で協力しながら、中国との協力も強化する必要性があると思います。日本の外交戦略で今、少し足りない部分はどこかと言うと、中国に対して抑止力を強化しながら、安心感も考えなければならないことです。それで中国は安心するかどうかはともかくとして、米国や周辺国に、日本は戦争したくないよ、中国との協力的な関係を狙ってますよ――というメッセージが、ものすごく必要です。中国が拍手しないとしてもです。

シンポジウムに参加するグリーン氏（右から二番目）

吉川 そういう意味で日本は、もし何かあった時の軍事力行使も大事ですけれども、やはりフィリピンの台風災害の時、我々日本人はフィリピンの人々のために支援をさせて頂きましたし、米軍と現地の人達のコーディネートもさせて頂きました。あの時、中国も軍艦2隻を送って来たけれども、それは国連の人道支援室に登録していなかったので、偵察行動ではないのかという疑心暗鬼も現地でありました。このような問題を解決するためにも、日本がもっと価値観を同じくする国との協力が、必要ではないでしょうか。

グリーン そうですね。それはフィリピンまたはベトナムやインドでしたら、もう日本との色んな面の協力――自衛隊との協力を含めて拡大したいでしょうね。もちろん中国との経済交流や貿易はしたいのですが、中国にいじめられたくありません。そこで米国だけではなくて日本の力も借りたいと周辺国は考えているでしょう。

吉川 フィリピンの例で言うならば、国連人道支援室にきちんと登録した上で、中国の船を送ってくださいとか。

グリーン 多国間外交は限界があるかもしれないのですが、例えばこの前米海軍はC.U.E.S.(Cooperation for Unexpected Encounters at Sea) ――海上における不測の事態への合意を打ち出し、中国は一応合意して協定は結んだのですが、その直後に東シナ海、南シナ海には適用しないと言い出しました。ただ周辺国皆が、いいルールだから協力して実行しましょうというような多国間の合意は、段階的に中国に対してソフトの圧力をかけて、結局、中国も同じルールを守る可能性は、まだあります。なぜなら中国も、グローバル経済に依存しているから…。結局は、上手く周辺国と連携するならば、中国も、米国と日本が大事にしているルールを、守るかもしれません。でも皆でやらないとダメということですね。

吉川　本日は貴重なお話をありがとうございました。

【インタビューのまとめ】

以上のインタビューから次のようなことを理解することが出来る。

(1)　NSCには三つの役割がある。

一、指導者への助言

二、政府内部の外交・安保政策の調整

三、指導者の代理人

(2)　特に調整役としての役割を果たすためには、閣僚級、次官級、局長級の、三段階による調整により、指導者による決断の必要を省くことが重要。

(3)　それを効率的に行うには、指導者の方針を理解した人材を重用できる政治任用が重要だが、指導者が頻繁に変わる可能性がある日本では、それは官僚の中から選ばれることが望ましい。（米国も実は同様である）

(4)　しかし安倍政権が長く続けば、政治任用が日本の社会に根付き、民間からも優秀な人材を、選ぶ余地が広がる。

(5)　日本には中央＝地方間を調整する危機管理省庁は必要ないが、各省庁間やＮＳＣとの関係を調整するような危機管理部局は必要ではないか？

(6)　情報分析部局、政策立案部局、実施部局等が独立していないと、上手く行っていない状況が上手く行っているような、間違った情報が上がってしまう。

(7)　国会による情報開示機能を高めるには、まず先輩議員が後輩議員に影響力を持っているような、日本の政治文化を改革しないと、国家機密等が漏れる。

(8)　ＮＳＣの役割は長期の国家戦略を立てることにあり、それは日本の場合は、経済だけではなく、政治的価値観や国際的危機管理協力等に基づいた、東南アジアや南アジア地域における、ソフト・パワー重視であるべきだろう。

（初出：一般社団法人日本安全保障・危機管理学会機機関誌第29号～31号）

追記1　本インタビューは、ＮＳＣの在り方に関して知ることを第一の目的として行われたため、テロ対策に関する部分は多くないが、企画部門と実施部門の分離に関して語られていることは、テロ対策も含めて極めて重要と思われる。

追記2　22ページの写真は、２０１４年7月11日に、ＣＳＩＳで開かれたシンポジウムの様子である。グリーン先生がＮＳＣ担当大統領補佐官、他に共和党が政権を取ったとしたら、その地位に実際に就きそうな有力政治家が、それぞれ国務長官、国防長官、国家情報長官の役を演じ、南シナ海で中国とフィリピンとの間で紛争が発生し、フィリピンから米国に救援要請があった場合、どのように米国は介入すべきかを、ホワイトハウスで実際に行われるようなシミュレーションを公開で行った。そのようなシミュレーションを公開で行う米国の民主主義の強さを思うと同時に、その場にいた日本人がおそらく私一人で、他のアジア系聴講者の半分以上が中国系であると気付いた私は、このままでは日本は消されてしまう！――と暗澹たる思いになった。だが安倍政権長期化に連れて、ワシントンで開かれる企画で日本に好意的な内容のものが次第に増え、日本人の参加者も増加して行った。かなりの影響が、あったと思う。一国民として安倍総理には、心から感謝を捧げたい。

コラム①
ブリュッセルのテロ事件に関する米国の反応

私がワシントンの事務所で起こった事態に対処するため成田空港から全日空機に飛び乗ったのは、2016年3月22日の午前中であった。今は航空機内でもネットに繋がる。そして私は、空中でベルギーの首都であるブリュッセルで発生したテロ事件を知ったのだった。もし同じことがワシントンの空港で同時多発的に起こったらと考えて、ワシントン市内に無事に到着するまで冷や汗ものだった。

別の重要な案件で忙殺されていたため直ぐ米国の反応に関して調査を出来なかった。そこで数日後に出始めた情報に基づき出来るだけの報告をしたいと思う。

まず同事件を受けて当時の共和党大統領候補の中でも最タカ派のクルーズ氏は、イスラム系住民に対する監視強化を主張した。欧州のイスラム系住民は貧しい移民が多いため、ホーム・グローン・テロリストになり易い。ブリュッセルの事件はおろかカリフォルニアの銃撃以前だが、パリの事件直後にロイター等が行った世論調査では米国民の50%が、モスク等への監視強化を支持している。

　だがオバマ大統領は例によって反対している。その理由の一つが、米国の社会におけるイスラム系の人々は、比較的中流の安定した暮らしをして、米国社会に同化している人が多いということである。実際、ピュー・リサーチ・センター等の調査を見ても、米国のイスラム系の人々の間では、女性の方が男性より大学進学率が高く、女性の社会進出に寛容である。

　但しイスラム系の人の66％が民主党を支持していて、これはカトリック教徒の43％そしてプロテスタントの39％と比べても異常なほど多い。因みにイスラム系の共和党支持率は16％。オバマの発言には党派的な色彩も大きいように思われる。

　では米国の党派別にブリュッセル事件への論調等を見てみよう。そのために保守系のへ

ブリュッセルのテロ事件を一斉に報じる
5月23日の米国有力各紙

リテージ財団とリベラル系のブルッキングス研究所の配信した報告等の内容を、比較してみよう。因みにブルキングス研究所は2、3本の報告しか配信していないにもかかわらず、ヘリテージは4本は配信している。テロ対策に関する米国の保守＝リベラルの力の入れ具合も理解できるように思う。

まずヘリテージが3月24日に配信した〝Has Europe Blinked on Defeating ISIS in the Middle East?〟と言う報告が、最も多くの問題をカバーしていると思われるので、この報告をベースに他のソースも交えながら、ブリュッセル事件への米国の反応等に関して述べてみたいと思う。

まず第一に、この報告の中では、ＮＡＴＯの形骸化が嘆かれている。空爆でＩＳの支配領域を40％も減らすことが出来たにも関わらず、それらの空爆を行ったＮＡＴＯ加盟国を中心とした13の国の内、米国が全体の77％に当たる1万9962回の空爆を行い、他の12か国は23％しか空爆を行っていない。しかもシリアに対する空爆の内、全体の94％に相当する3、636回は、米国が単独で行っている。

そしてＮＡＴＯ本部がブリュッセルにあるにも関わらず、ＮＡＴＯはテロをＮＡＴＯ条約5条による集団的自衛権の対象にすることに消極的である。

私見だが、これではドナルド・トランプ氏の、NATOや日米安保見直し論が出て来ても、当然な気がする。

第二に、この報告では、欧州諸国のテロ対策政策等の問題点に関して触れている。例えば今回の事件の犯人の一人であるブラヒム・バクラウィは、昨年6月にトルコで身柄拘束され、7月にオランダに送還されている。トルコ側としては、オランダがベルギーに身柄を送ると考えていたが、そのまま釈放されている。

欧州警察機構等が、十分に機能していないのかもしれない。その欧州警察機構によれば、シリアとイラクで戦った約3、000人～5、000人のISのテロリストは、EU内部で逃走中である。彼らが何時テロを起こすか、分からないのである。

なお米国を拠点とするコンサルティング会社のSoufan Groupが2015年12月にリリースした〝Foreign Fighters〟という報告書を見れば、二桁前後の日本人が、既にISの戦闘員として戦っていることは、国際的に公表された情報である。それを日本の政府やメディアは、なぜ認めないのか？　重大な問題だと思う。

更にロイターが24日に配信した〝U.S. frustration simmers over Belgium's struggle with militant threat〟という記事によれば、2015年11月のパリのテロ事件直後、欧

州を訪問した米国の危機管理専門家が、ベルギーのテロ捜査活動について調べるためベルギーに訪問を申し出たが、ベルギー側に「無視」されたという。それもあってベルギー当局によるテロ対策が後手にまわっていないか――と不安に思っていた矢先に今回の事件が発生した。欧州諸国では、多国間に渡っての情報共有が、全く出来ていない。また米国側が重要情報を求めても、ベルギー国内では各省で情報がバラバラに管理されているので、必要な情報が直ぐつかめないのが現状だという。

私の認識では、日本もベルギーと大差がないのではないかと危惧している。ベルギーのような事件が、日本で起こらないことを祈るしかない。

さて話をヘリテージ財団の報告に戻すと、この報告書では第三に、欧州の一部の政治家は、欧州の境界を閉鎖して、難民の流れを取り締まるという要求を次第に上げていることを指摘している。この問題に関してはは同じヘリテージ財団が3月22日に配信した〝The Aftermath of Brussels Attacks, Conservatives Call for Border Security〟と題する報告の中で、パリ事件の後に米国議会の力でビザ免除プログラムを部分的に見直させたことに触れ、これからは2015年末の段階では法案化できなかった難民プログラムの大幅な見直しのため、共和党と民主党の一部が協力する可能性に言及している。シリア難民に混ざってテロリストが米国に入国することを制限するためである。

　これも日本が見習った方が良い問題の一つと思う。日本では911以降の米国と違い、未だに入管と税関も別々のままで、その協力体制にも私は疑問を感じている。これからの関係者の努力に期待したい。

　そして第四に、ヘリテージ財団の報告は、欧州の中で孤立した傾向のあるイスラム・コミュニティをどうするべきかという永続的な問題が、もう一度多くの欧州のメディアと議会で話題になっていることを指摘している。この問題に関して同じヘリテージ財団が、3月22日に配信した〝Europe's Breeding Ground for Terror〟という報告の中で、イギリスのキャメロン首相（当時）を絶賛し、彼の〝イスラム系の人にも同じアイデンティティを持ってもらうようにするべきだ〟という意見に賛同する形で〝自由主義の価値観を共有しない人々と一緒に国を運営していくことはできない〟と述べている。

ブリュッセルの犯人グループ

コラム①　ブリュッセルのテロ事件に関する米国の反応

これは一見クルーズ氏の考え方に似ているように思われる。しかし、そうだろうか？

ブルッキングス研究所が3月25日に配信した〝The French connection: Explaining Sunni militancy around the world〟という報告の中で、リベラル派にも関わらずと言うべきか、それとも米国のリベラル派だからと言うべきか、非常に興味深い問題を指摘している。

第一に、フランスとベルギーを含む5つのフランス語・フランス文化の国が、対人口比で、最もイスラム系テロリストを発生させているという。その原因を、フランス型の強制的な同化政策——例えば公立学校に宗教的服装で来てはいけない等——が、テロの原因になるのではないか？——と同報告書は推測している。

これは欧州大陸と米英との、政教分離の考え方の違いに根ざす深い問題である。そこで米国のリベラルであるブルッキングス研究所から、以上のような指摘も出て来るのではないかとも思われる。

何れにしてもイギリスのキャメロン首相が具体的に何を言ったかを調べ切れていないが、ヘリテージ財団の報告も、自由主義の価値観をきちんと受け入れるなら、イスラム教の宗教的なアイデンティティまで侵害しなくて良いと言っているとも読める。これが欧州大陸とは異なる米英型の政教分離の筈なのである。

イスラム系のコミュニティを一方的に敵に回すのではなく、彼らの協力を得て一部の過激分子を取り締まる。それが治安維持に効果的なことは、確かなのである。そのことに関しては前掲のヘリテージ財団の報告〝In Aftermath of Brussels Attacks, Conservatives Call for Border Security〟の中でも触れられている。

これも日本にとっては参考になる考え方である。特にイスラム系の人が少ない日本でこそ、より有効な方法であるかもしれない。

またブルッキングス研究所の前掲報告によれば第二に、失業率が10%から30%の間、都市化が60%から80%の間で、テロが最も起こりやすいとのことである。これはイスラム系だけではないのではないか？ 日本人でさえが同じなのではないか？ できるだけ若者を経済的に困らせず精神的に孤独にさせないような政策も、テロの温床排除には重要だろう。

結局、以上のような硬軟取り混ぜた諸政策を、ハイブリッドで実施して行くことが、最も実際的だろう。

ところで最後にブルッキングス研究所が3月28日に配信したブリュッセルの事件と直接関係はない〝Iraq Situation Report, Part I: The military campaign against ISIS〟

と題する報告の中で、イラクの現状に対処するためには、イラクが徴兵制を採用するのが効果的だと述べていることに言及したい。この方向書の中では、単にISのテロと戦うためにイラク軍を増強するには、徴兵制が有用と言っているのではない。〝自分はイラク国民だ〟という一体感を人々に持たせるには、徴兵制が有益だと言っている。あのリベラル派の牙城ブルッキングス研究所が——である。

2015年の安保法制の時に日本国内では混乱した議論が多かったように思う。例えば明治時代に徴兵制が敷かれたのは、単に当時の列強と戦うためだけではない。今までの藩や村への帰属意識から近代国家日本への帰属意識を育てるためだった。

その近代国家がグローバル化で崩壊し却ってテロの原因になっている今こそ、テロと物理的に戦うためだけではなく、テロの温床になるような社会的一体感の喪失を解消し、若者の孤独感を減らしたりするためにも、徴兵制と類似したものを復活させる必要が、日本の社会でもあるのではないか? それは自主防災組織でのボランティア活動を高校の卒業要件にするような形でも良いと思う。色々なパターンは考えられるが、そのようなことを考えるべき時が来ているように思う。

インタビュー②

フランシス・タウンゼント元国土安全保障担当大統領補佐官

【インタビューの目的】

２０１４年８月12日、元ブッシュ政権の国土安全保障担当大統領補佐官で現在はニューヨークを拠点にＣＮＮコメンテーター等の活動を行うフランシス・タウンゼント氏のインタビューをSkypeで行った。彼女が任された国土安全保障会議（ＨＳＣ）は日本の内閣危機管理監室と類似しており、そのような組織とＮＳＣの関係に関し、参考を得ることが目的だった。多くの方々の御参考になれば幸いと思う。

フランシス・タウンゼント氏

【インタビューの内容】

1 ホワイトハウスに登用される前の経歴

吉川 まず貴女がブッシュ大統領によって国土安全保障担当の大統領補佐官に指名された理由を教えてください。

タウンゼント 私が指名された理由は、私が当時、法執行、情報の収集管理、政策立案・実行そして地方政府、州政府、連邦政府等々、米国政府の様々なレベルにおける職歴さらには法律の専門家であるという極めて多岐にわたる独特のキャリアをもっていたからです。

それに加えて、2004年までの米国に於ける全ての主要な対米テロ対策と、その調査に関わっていましたので、その貴重な経験も指名につながったと考えています。

吉川 911以前、ブッシュ政権発足時に、沿岸警備隊の情報部へ司法省から転任されていますが、その経緯をお教えください。

タウンゼント 私は長年司法省に勤めており、実際に法執行を実行する現場職員（オペレーター）に法律関連の助言を与えていましたが、沿岸警備隊においては、ただ単に助言を与えるだけでなく、実際にオペレーターの組織を直接指揮つまり法執行の実行に直接関わる機会を得ることができました。

吉川　沿岸警備隊では具体的に、どのようなお仕事をされたのでしょうか。

タウンゼント　沿岸警備隊では、その米国内外における活動に関わる情報の、収集と管理を行う組織を指揮していました。そこで私は米国政府の他省庁からの情報を収集し、そこから沿岸警備隊の活動に必要な情報のみを抽出して、米国内外の沿岸警備隊の艦船や隊員に提供していました。

例えばイラク戦争中には、ペルシャ湾に沿岸警備隊の艦船が配備されていたのですが、その活動に必要な情報を入手した際には、その情報を的確に、それらの艦船に提供する責を負っていました。

吉川　逆に沿岸警備隊が入手した情報を、ＣＩＡなどに提供することも行われていたのでしょうか。

タウンゼント　私が負っていたのは双方向的な役回りで、沿岸警備隊が入手した情報は国土安全保障省（ＤＨＳ）、更にはその他の政府情報収集管理担当部署に提供していました。

吉川　結果としてそのような経験が買われて、ホワイトハウスに登用されたという理解でよろしいでしょうか。

タウンゼント　沿岸警備隊の経験のみならず、それまでに積んで来た全ての経験が、包括的に評価されての登用だと考えます。私はそれまで政治の世界とのかかわりはなく、現場の人間であったわけですが、そのような人材の登用は極めて異例の事でした。

2　国家安全保障会議（NSC）と国土安全保障会議（HSC）を担当

吉川　ホワイトハウスに登用されて、最初に参加されたのは国家安全保障会議（NSC）という理解でよろしいでしょうか。

タウンゼント　そうです。最初の年は私は、国家安全保障担当副補佐官を務めました。

吉川　そこでは、どのようなお仕事をされたのですか。

タウンゼント　国家安全保障担当副補佐官として、私は、同盟国および関連各国間におけるテロ対策協調政策を担当しました。

吉川　国家安全保障担当副補佐官としてされたお仕事の内容について、もう少し具体的にお伺いできますでしょうか。

タウンゼント　最初の一年間に国家安全保障担当副補佐官として、私は、テロ対策政策に関する政府内省庁横断型の政策の擦り合わせ、および同盟国との折衝を行いました。

吉川　ということは主に担当されていたのは外交関係であって、国内施策にはあまり携わられていなかったのですか。

タウンゼント　２００３年から２００４年にかけての最初の一年においては、そのとおりです。２００４年から２００８年にかけては、外交関係等に加え、国内向けの施策にも携わりました。

吉川　最初の一年は国家安全保障担当副補佐官であったということですが、その後はどのような立場でお仕事をされていたのでしょうか。

タウンゼント　２００４年から２００８年にかけては、国土安全保障会議（ＨＳＣ）担当の大統領補佐官を務めつつ、国内の安全保障問題に特化した国家安全保障会議（ＮＳＣ）担当の副補佐官の立場にも留まっていました。

吉川　国家安全保障会議（ＮＳＣ）担当副補佐官を務めつつ、さらに国土安全保障会議（ＨＳＣ）担当の大統領補佐官にも指名された理由は、どのようなものであったとお考えですか。

タウンゼント　まず、それまで国土安全保障会議（ＨＳＣ）担当補佐官であった者が退官したので、それに代わってその役職についたのです。しかし国家安全保障会議（ＮＳＣ）担当副補佐官も同時に務め続けるというのは、あまりにも重責となるため、後に国家安全保障会議（ＮＳＣ）については、その国際関連問題の部分を担当する者が指名されました。

吉川　各省庁や、沿岸警備隊での経験をもっているということから、国土安全保障会議

（HSC）担当に向いていると判断されたのでしょうか。

タウンゼント　沿岸警備隊における経験だけでなく、検察官としての経験や、国内の政府組織が、どのように協力関係を維持しているのかを熟知しているという面も、評価されたのだと思います。

吉川　お務めになられていた時には、国土安全保障担当補佐官および国家安全保障担当補佐官をサポートする事務組織は、一つであったのでしょうか。

タウンゼント　それぞれ独立部署があり、担当者も別々でした。

吉川　元々一つの部署であったものが、後に分かれたということではなかったのでしょうか。

タウンゼント　私が勤務していた時には、それぞれが独立した大統領直属の組織でしたが、現在は双方とも国家安全保障担当補佐官の、傘下の組織となっています。

吉川　ＤＨＳや国家情報長官事務所（Office of the Director of National Intelligence：ＯＤＮＩ）は、ＮＳＣが中心となって制度を設計したと考えてよろしいでしょうか。

タウンゼント　ＮＳＣの傘下には、それぞれ特定の地域を担当する部署と、それに加えて国防、テロ対策などの担当部署も多く設けられています。一方、ＨＳＣ傘下の部署構成は、個々の問題に対応することを基本としています。

3　国土安全保障会議（HSC）と国土安全保障省（DHS）の関係

吉川　初代国土安全保障会議（HSC）担当大統領補佐官だったトム・リッジ氏は、なぜホワイトハウス内に留まっていたHSCを、省（DHS）に格上げしたのでしょうか。

タウンゼント　HSCはNSCの半分か、それ以下の規模しかなく、現在でもホワイトハウスの大統領行政府の中にあります。それに対してDHSは非常に大きく、実際、米政府省庁の中で国防総省に次いで二番目の大きさがあります。つまりHSCは、少数で構成されるいわゆる執行部的な組織なのに対し、DHSは省全体を指す名称であり、名称が似ているのでよく誤解されるのですが、全くの別組織なのです。

吉川　ホワイトハウス内のHSCで計画の立案が行われ、DHSにおいて、その実行が行われているという理解でよろしいでしょうか。

タウンゼント　そのとおりです。

吉川　NSCと違い、HSCに来るスタッフは、商務省や移民局などから移ってこられており、その点で両者相容れず、また商務省や移民局などの強力な省庁双方がかかわる懸案を処理するために、大規模なDHSという独立した組織を新たに設立したと伺っておりますが、その理解で正しいでしょうか。

タウンゼント　両者の唯一の違いは、どのような専門分野の人材を必要としているかということです。例えばＮＳＣの場合は国際問題に精通している人材が重要なのに対し、ＨＳＣの場合は、主に国内問題に注力しているといったような違いです。

新たな省を設立した理由は単純に予算の問題で、新たな人材を外部から雇用する予算が無かった為に、既に他省庁で働いている人材を異動させ、まとめるための受け皿として、新たな省の枠組みが必要になったというだけの話です。

新規の省の名称をどうするのかについては多くの議論がありました。なぜ省でなければならなかったのかといえば、多くのスタッフをかかえ、多くの役割を担わなければならなかったからでしょうか。省（department）と会議（council）の違いは、会議（council）はあくまでも方針決定のみを行う組織であり、省（department）はその実行を行う組織であるということです。

吉川　国土安全保障担当大統領補佐官としては、具体的にどのようなお仕事をされたのでしょうか。

タウンゼント　国土安全保障問題にかかわる閣僚のとりまとめや、スタッフによる情報収集と、私自身が主催する関係閣僚会議の開催等と、大統領への国土安全保障関連の政策方針案の提言です。

吉川　それはテロ対策に関してでしょうか。

タウンゼント　テロ対策と国内問題対策です。

吉川　国内問題というのは、例えばハリケーン対策のようなものでしょうか。

タウンゼント　そのとおりです。国内問題には人によって引き起こされる問題および自然災害が含まれます。

吉川　貴女がとりまとめていたＨＳＣと、リッジ氏がとりまとめていたＤＨＳの関係は、どのようなものだったのでしょうか。

タウンゼント　私の役回りは政策の立案であり、彼は政策の実行役です。我々の関係は極めて良好で、お互いにそのような立ち位置に基づき、協力的に職務を遂行していました。

４　国土安全保障会議（ＨＳＣ）と国家情報長官事務所の関係

吉川　ジョン・ネグロポンテ氏が任された国家情報長官事務所（ＯＤＮＩ）とは、どのような関係であったのでしょうか。

タウンゼント　非常に良好でした。

吉川　国家情報長官（Director of National Intelligence：ＤＮＩ）は、ＨＳＣとＮＳＣの両者と協力する関係にあったのでしょうか。

タウンゼント　そのとおりです。

吉川　国家情報長官は、基本的にはＮＳＣのオブザーバーだと思うのですが。

タウンゼント　国家情報長官は主としてＮＳＣのために活動しているという点は正しいですが、テロ対策においてはＨＳＣとＮＳＣの両者と協力する関係にあります。

吉川　ネグロポンテ氏は情報収集にあたって信頼する情報機関を5つ程に絞り込んでおり、たとえばタウンゼント氏がいらっしゃった沿岸警備隊の情報機関からの情報は、あまり取り込まなかったと聞いておりますが、その点は如何でしょうか。

タウンゼント　私が沿岸警備隊に勤務していた時期は、沿岸警備隊が政府情報収集組織に初めて組み込まれた時期でもあり、911以前には沿岸警備隊は、情報収集組織に組み込まれていなかったのです。私もその仕組みづくりに奔走していたわけですが、その時期においては沿岸警備隊は、政府の情報収集組織の中では新顔であったわけで、そのような過渡期にはありがちな、結果として国家情報長官事務所との関係が、多少ぎくしゃくしていたのは否めないと思います。

5　国土安全保障会議（ＨＳＣ）と国家安全保障会議（ＮＳＣ）の関係

吉川　ＨＳＣとＮＳＣの関係はいかがでしたでしょうか。

タウンゼント　極めて良好でした。そもそも私が、その両者に同時にかかわっていたわけですし、ライス国務長官とも極めて緊密な関係にありました。

吉川　現在、日本でも、それと似たような事例が議論になっているのですが、ＨＳＣとＮＳＣの事務局は、二つの独立した事務局のままにしておいた方が良いか。いずれ統合した方が良い

米国の国土安全保障会議（HSC）と国家安全保障会議（NSC）、国土安全保障省（DHS）などの関係図

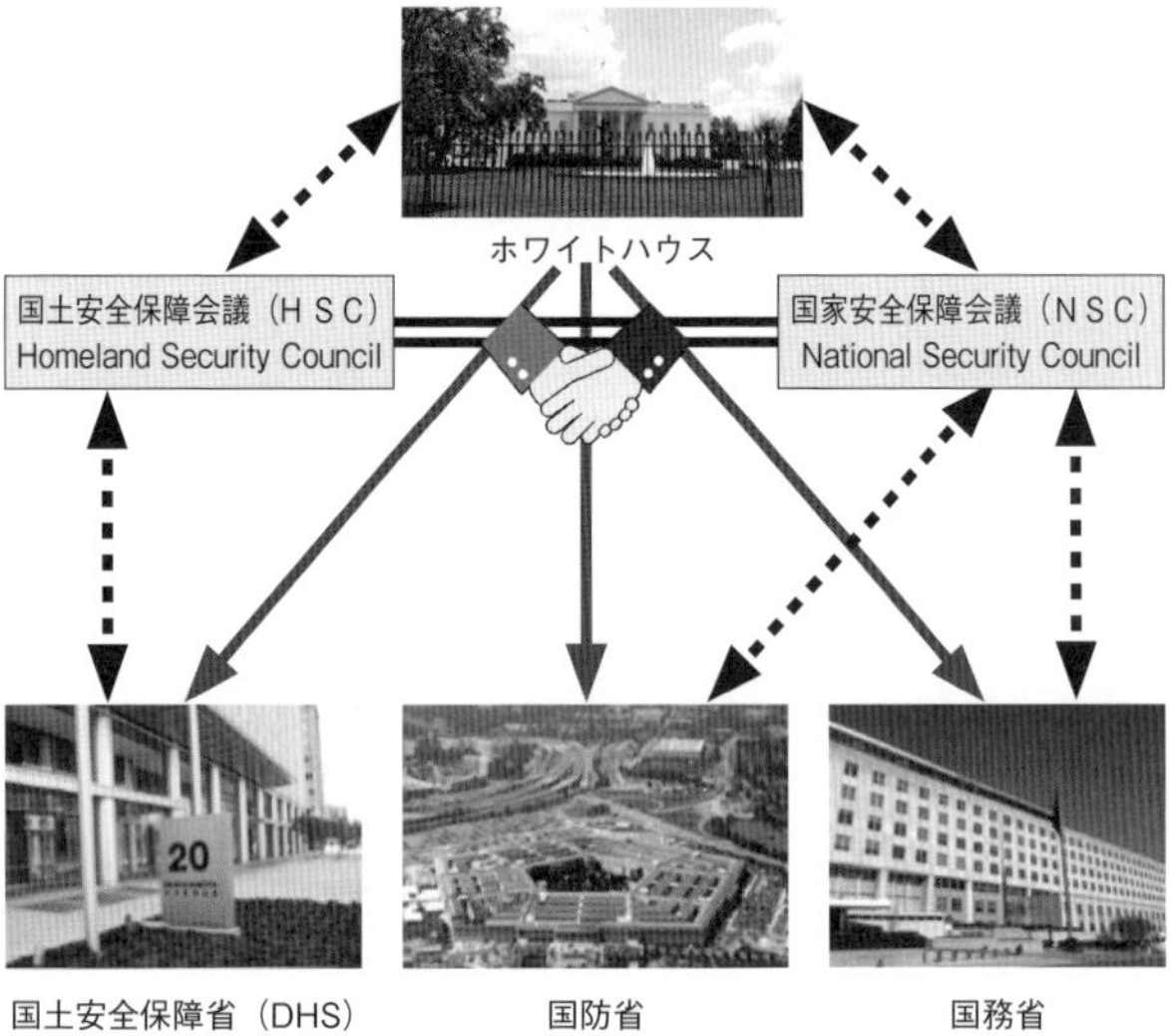

と思っていらっしゃるか。ご意見をお聞かせください。

タウンゼント　両者を一つの組織の下に置くことには、メリットもありますが、最も重要なことは、必要な専門知識を持ったスタッフが、適所に配置されているということです。それであれば両者を一つの組織の下に置くというのが、一番効率的な方法かもしれません。

吉川　しかし現在、各々の組織がかかわっている事項の内容が異なっているという面もあるわけで、その点では別々の組織のままである方が良いとの意見もあると思うのですが、いかがでしょうか。

タウンゼント　それぞれ必要とする専門家に違いがあるという点で、組織は分かれているべきだと思いますし、実際に現状として別々の組織なわけですが、最も重要なのは、最終的に一つの組織もしくは大統領や国務長官個人の下に、まとめられているべきだと思います。

吉川　ということはタウンゼント氏が同時に、その両者に関わっていたのは、非常に良いことなのではないかと思われますが、いかがでしょうか。

タウンゼント　そのとおりだと思います。

吉川　本日は貴重なお話をありがとうございました。

【インタビューのまとめ】

以上のインタビューから以下のようなことが読み取れる。

(1) 国内の危機管理と国際問題を取り扱う人材には違いが大きい。

(2) そこで両者が集る組織は、形式的には別々の方が望ましい。

(3) その両者を統合できるような人材や人事の仕組みが重要になる。

そして本インタビューでも、企画部門と実施部門の分離に関して語られたことは、極めて重要と思われる。

(初出：一般社団法人日本安全保障・危機管理学会機関誌第34号)

コラム②

フランスのテロ対策は、どうなっているのか？

本書が書かれることになった一つの契機は、２０１５年11月13日に、パリで起こった同時多発テロである。そこでフランスのテロ対策に関して、この数年に渡って私が非常にお世話になった矢野義昭元陸将補が主宰する国家生存戦略研究会で２０１６年3月2日、パリに拠点を置き国際的な危機管理コンサルタント活動を行っているS.Y.International代表の吉田彩子氏が行った講演に基づいて、簡潔に説明してみたい。なお一切の文責は吉田氏ではなく吉川にある。

さて吉田氏の講演を伺って私が非常な興味を持ったのは、２００８年に設立された国家情報調整官というポストの存在である。それは私には本書でも繰り返し出て来た米国が９１１の後に作った国家情報長官ないし国土安全保障省長官と部分的に類似しているように思われたからである。ただ、その意味を良く理解して頂くには、フランスの政治制度を深く理解して頂く必要があると思う。

フランスは元々テロに苦しめられて来た国であった。1950年代のアルジェリア独立テロ等は、まさに戦争だった。それを抑止できない政治の混乱を解消するため、シャルル・ド・ゴールは、それ以前は精神シンボル的存在だった大統領に、米国大統領のような権限を与えた。そして自ら、その地位に就いた。だが議会多数派の選んだ首相も、存続することになった。

この時の改革でフランス政治が安定したのは、それ以前は比例代表制ベースの多党制だったのが、小選挙区＝二大政治勢力政権交代型にしたお陰だという理解も多い。だが、それは1950年代だったからである。より社会が複雑化した1980年代、1990年代以降になっても、小選挙区＝二大政党制にこだわったから、いま日米の政治は、混乱を続けていると私は考えている。

複雑化した社会のニーズに上手く応えるには、多党制の方が望ましいのではないか？フランスの小選挙区制も複雑な仕組みがあって、中道政党も共産党も生き残っている。だからというわけでもないが、やはり社会の複雑化した1980年代以来、以前とは違い大統領は左派、首相は保守派というようなケースが目立つようになった。そこで首相は内政、大統領は外交・安全保障という役割分担が、慣例として出来上がった。

だがテロ対策というものは、内政と外交を分けて考えることが出来ない部分が多い。そこで911等のテロが国際的な問題になり始めたことも要因の一つなのか、2008年に大統領の下に置かれたのが国家情報調整官である。

これはテロ問題を含む〝インテリジェンス〟(国内、国際の情報収集、諜報活動)を国防省、内務省そして財務省等の省庁間で共有することが役割である。そういう意味では米国の国家情報長官と類似したポストである。だが入国管理に関係する税関も関係していることを考えると、米国における国土安全保障省長官の役割も、多少でも同時に果たしているように私には思える。

しかし米国の国土安全保障省（DHS）を作る上で重要と考えられた入管や移民局は、フランスの国家情報調整官の影響下にはない。やはりフランスの国家情報調整官は、米国における国家情報長官の方に近いと考えるべきだろう。つまり〝インテリジェンス〟の省庁間共有等が主たる役割で、その中にテロ問題も含まれているわけである。

フランス国家警察

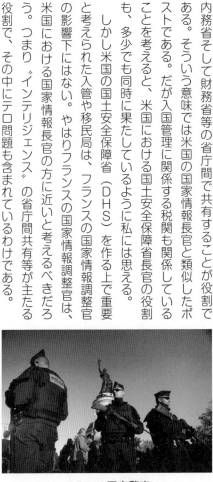

しかも大統領の下にある国家情報調整官をサポートする事務局もあるが、それと同時に首相の下にも国家安全保障事務局がある。この二つの関係の調整には、例によってフランスでも、難しい場合もあるらしい。

国家安全保障事務局は、どうも日米のNSCに似ているように私は感じる。国家の安全保障に関して長期的な戦略を提言するのが目的らしい。1970年代までは大体、大統領と首相は同じ政党から出ていて、役割分担の必要がなかった時代の名残だろうか?

因みに国家インテリジェンス委員会というところで国家インテリジェンス戦略が決められている。この委員会の事務局となるのは国家安全保障事務局である。それも国家安全保障事務局と国家情報調整官との関係調整を、難しくしている要因の一つかもしれない。

その上フランスには国家警察、国家憲兵隊等もある。それらも、そしてパリ警視庁等も、テロ対策に関係する情報・諜報部門ないしテロが起きた時の直接介入・鎮圧部門等を、独自に持っている。これらの組織間の関係の調整も、例によって難しい場合もあるようだ。

そこで例えば直接介入・鎮圧部門の例だが、2015年1月のシャルリ・エブド社へのテロの後、犯人グループの一部はパリ警視庁の管内で、もう一部分は国家憲兵隊が管轄する郊外地域で、それぞれ発見されて射殺された。それが、この二つの組織間の最初の協力成功例だとまで言われた程だそうである。

私が得ている情報でもドイツの警察や情報部は、パリの事件を事前に察知し、欧州警察機構を通じてフランス政府に警告していたらしい。しかし、あの事件をフランス政府は防げなかった。

以上のようなフランス国内の組織間の協力関係と情報共有の不足さらには欧州内部での協力関係と情報共有の不足によって、防止できたかもしれないのに起こってしまったのが、パリのテロ事件であった。そこで2016年7月14日のニースでのテロ事件直前に超党派の委員会から米国型の全国的テロ情報収集部門の新設が提言されていた。それが早く実現していたら、ニースの事件も防げた可能性がないわけではないと思う。

フランスは日本と同じ官僚中心の国家であり、米国のような政治任用の国ではない。そのため前記のような組織を作っても縦割り省庁間の情報共有の実現は、日本と同様に

フランス国家憲兵隊治安介入部隊

難しいのではないかという意見もある。だが私としては、ないよりはマシではないかと思う。

ニース事件の犯人は、犯罪前歴のあるチュニジア系だった。警察組織と国防情報組織や移民局等との間の情報共有が、今よりは深く広く行われていれば、マークしておくことも出来たのかもしれない。

これは日本にとって他山の石である。せっかく米国等から重要なテロ情報等が来ても、それを共有し活用できる仕組みが、今の日本政府に出来ているかどうかには疑問がある。そのような状況を改善するためにも、前述のように日本独特とは言えないようだが、各官僚組織間が縦割りで情報共有等が十分とは言えない現状を、一刻も早く改善する必要がある。一日本国民として、それを願って止まない。

注：左頁の図は吉田彩子氏がインテリジェンス・レポート誌2015年9月号に書かれた「フランスのインテリジェンスコミュニティと近年の改革―日本のインテリジェンス強化において参考に出来ることは何か―」の中で使われたものである。以上の私の文章を理解して頂く上で少しでも参考になればと考え引用させて頂く。

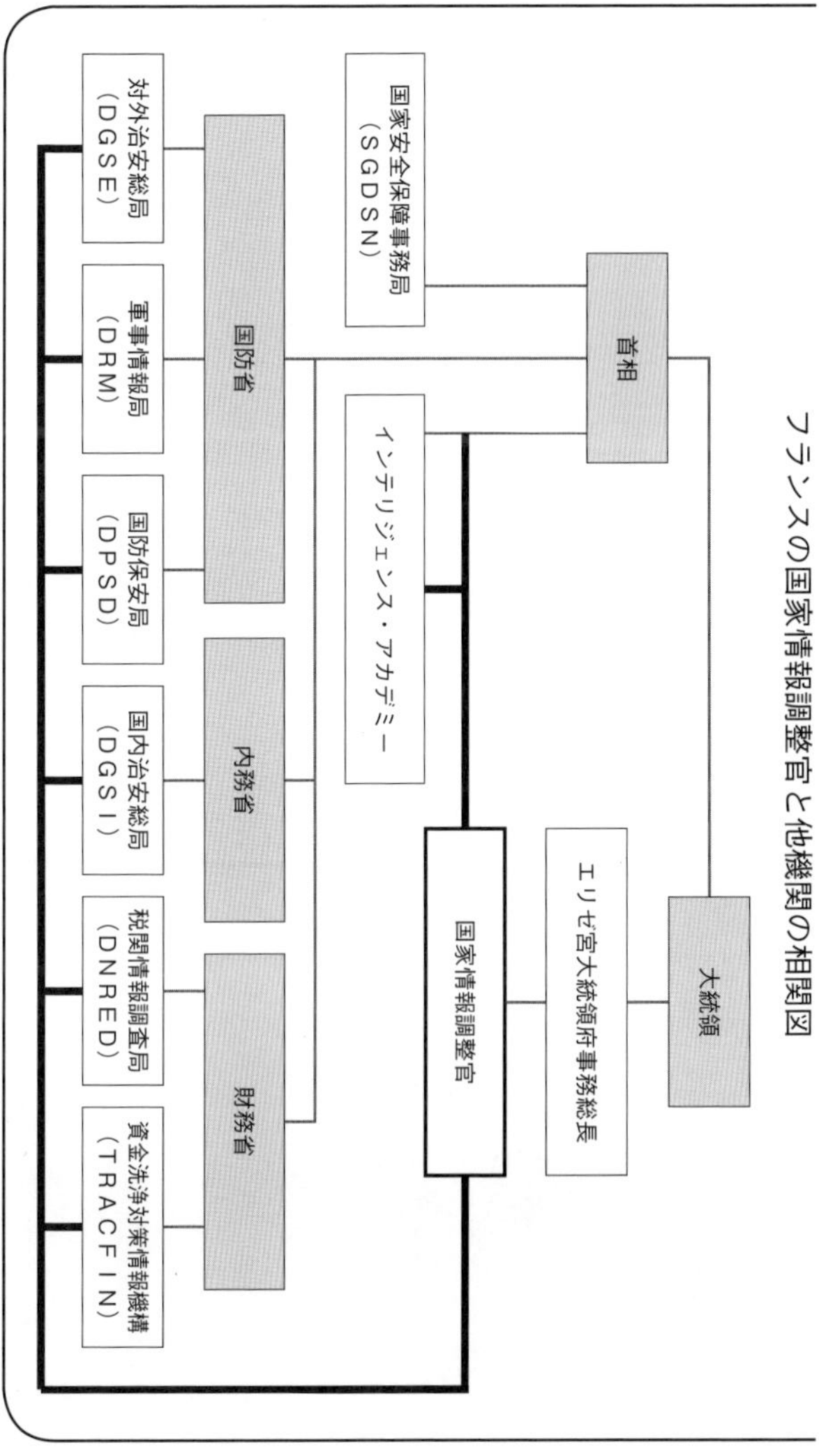

フランスの国家情報調整官と他機関の相関図

インタビュー③

ジョン・ネグロポンテ元国家情報長官

【インタビューの目的】

2014年11月13日、ジョン・ネグロポンテ初代米国国家情報長官（DNI）にインタビューを行った。同氏へのインタビューは二回目で、一回目は主として情報組織再編に関するものであり、一般社団法人日本安全保障・危機管理学会機関誌第19号に掲載されているので、ご興味のある方は同学会に問い合わせて頂ければ幸いである。今回のインタビューの目的は、国家安全保障会議（NSC）とテロ対策そして情報組織の在り方等に関して知るためであった。多くの方々の御参考になれば幸

ジョン・ネグロポンテ氏（左）と著者

いである。

【インタビューの内容】

1　国家安全保障会議（NSC）と国家情報長官（DNI）の関係

吉川　国家安全保障会議（NSC）と国家情報長官事務所（ODNI）との関係構築のために、あなたが行われたことをお話しいただけますか。

ネグロポンテ　まず、そこに至るまでの話をしたいと思います。両者の関係性よりも大事だと思いますので。私はロナルド・レーガン政権下でコリン・パウエル国家安全保障問題担当大統領補佐官のもと、大統領副補佐官を務めました。そして私が31歳の時にはニクソン政権下でベトナムの国家安全保障問題のディレクターを務めたので、NSCについては少しは知っているつもりです。

吉川　どうぞ、お願いします。

ネグロポンテ　NSCについて大事なことを話しましょう。NSC設立前は、ペンタゴンや国務省など国家安全保障関連組織を統合する機関は存在しませんでした。昔はそれらが全て、国務省・陸海軍省合同庁舎（現在の旧行政府ビル）に入っていて、安全保障関連組織は自然とまとまって機能していたのです。しかしペンタゴン、国務省、ＣＩＡは別の場所に移り、関連機関を取りまとめる必要性が生じたので、１９４７年国家安全保障法を経てＮＳＣ設置に至りました。ＮＳＣをかまえる国は多くありません。日本がＮＳＣを設置したのは、いつだったのでしょうか。

吉川　２０１３年の12月です。

ネグロポンテ　できたばかりですね。それまでは情報の共有がされていなかったでしょう。メキシコにも国家安全問題担当補佐官が存在しますが、問題もあります。防衛省と海軍省が別に存在するのです。想像し辛いことですが、空陸軍と海軍が、別の省の下に存在するのです。

米国は１９４７年以来、国家安全保障制度の改良に努めていますが、基本的には現在も同じ制度です。国家安全保障において大統領の次に重要なのが、国務長官、国防長官、国家安全保障問題担当大統領補佐官の３人です。その他の組織——例えば情報機関も統合参謀本部も、サポート機能を果たします。統合参謀本部議長は大統領の軍事顧問です。しかし軍を送る権限を持っているのは国防長官で、大統領が命令を発すると、国防長官を通じて軍事行動が実施されます。国防長官は米国政府で最も重要な軍の閣僚です。もちろん国務長官は、米国内閣において、最も権限のあるポジションです。国務省は、米国政府で一番古くから存在します。

そこで、あなたの質問である情報機関とＮＳＣの関係性についてですが、ＮＳＣをサポートするのが情報機関です。以前はＣＩＡ長官が担当していた大統領への日次報告を、今は国家情報長官が行います。私はブッシュ大統領への日次報告を担当しました。ＮＳＣの会議は、どの会議も、ほとんど情報報告から始まります。南シナ海情勢を例とすると、国家情報長官か、またはその代理が、５分から10分間、南シナ海情勢について報告をします。あくまで政策を提案するのではなく、その状況について最善の分析をし、説明するのです。

国家情報長官と国家安全保障問題担当大統領補佐官は、双方とも、ホワイトハウスをサポートする立場にあります。私は国家情報長官で、ＯＤＮＩとは別に旧行政府ビルにもオフィスを用意され、毎朝６時30分に出勤して、大統領への日次報告の資料を確認しました。ホワイトハウス内にも自分の場所を確保され、大統領と国家安全保障問題担当大統領補佐官と、月曜日から土曜日まで毎日会っていました。

私はブッシュ大統領と直接仕事をしましたし、個人的な信頼関係も築いていました。オバマ大統領がどうしているかは知りませんが、ブッシュ大統領は、このように仕事をしていました。大統領から私に要請がある時は、国家安全保障問題担当大統領補佐官を通じて私に知らされました。全ての事柄で大統領を煩わせるわけにはいきませんから、国家安全保障問題担当大統領補佐官は、大統領のゲート・キーパーのような役割を果たしていました。結果として大統領補佐官に、一番多く話をすることになります。

2 国家安全保障会議（NSC）の姿――三層構造、規模、人事

吉川 NSCを支えていた三層構造では、どのような役割を果たされましたか。またCIAや軍部とも、三層構造を使用されましたか。

ネグロポンテ 情報機関はNSCの全ての会議に出席しました。私自身は、NSCの会議と長官レベル会議に出席し、副長官やそれ以下の会議には、代理を出席させました。いずれにしても情報機関の役割は、政策決定に関わるのではなく、あくまで情報や分析の提供そして会議の場で更なる情報や分析の要請を受けることです。先ほどの例で言えば、南シナ海問題において、他国の行動について分析して報告するのです。

一つ言うならば、1970年から1973年の間、私がリチャード・ニクソン政権のNSCで、ヘンリー・キッシンジャー氏の下で働いた経験と比べると、現在のNSCは大きくなりすぎたと思います。規模が拡大し、人が増え、会議が非常に多くなるという問題が生じています。

吉川 ブッシュ一世政権で、三層構造が確立されたと聞いていますが、どう思われますか。

ネグロポンテ　そのような構造は前から存在していました。その構造よりも、大切なことは、政府内で調整を担当することと、実際に政策を実施することとは、別だという認識を持つことです。

しかしNSCは、まるで自分たちが政府であるかのように行動しています。本来、NSCは会議を開いて政策決定までを担当し、その実行については内閣にゆだねるべきです。NSCを設立すると、このようなリスクが生じます。

大統領には、憲法上権限があるので、大統領が国家安全保障問題担当大統領補佐官に、政策の実行を任せるのなら話は別です。例えば、キッシンジャー氏は北ベトナムとの交渉において、国務省に相談したり報告することはありませんでした。大統領が、承認していたからです。このような状況は、例外です。

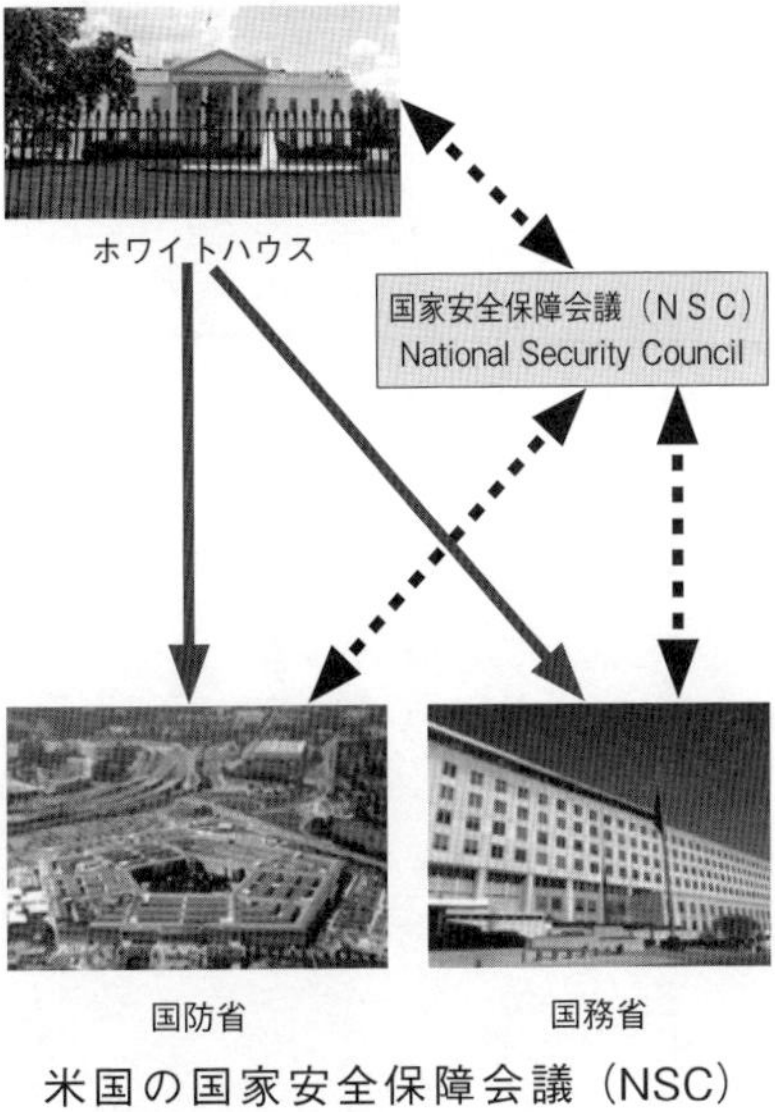

米国の国家安全保障会議（NSC）と他機関のつながり

ブッシュ大統領も、ホワイトハウスの危機管理室から、イラク大使や中東軍司令官とビデオ会議をして、イラク戦争やアフガニスタンの軍事指示を出していました。私もイラク大使であった時に、これらの会議に参加していました。このような状況は、異例です。

通常の国家安全保障問題について、同じ扱いをしてはいけません。私が65歳の頃、国務省に勤務していた時、NSCの20代、30代の若いスタッフで、私に電話をかけてきて指示をするものがいました。私は彼らに、状況を理解できていないようだと、よく指摘したものです。大統領は、私をよくご存じでしたから、私がこのように対応すると、私の方が正しいとわかっておられました。

吉川　日本では強すぎる若い官僚の勢力を抑え込むためにも、NSCをもう少し拡大させる必要があるという意見があります。

ネグロポンテ　日本では、情報機関のコミュニケーションが上手く行っていないようですが、もしそうならNSCは役に立つと思います。米国ではNSCが、他の重要機関――軍、外交の間での、調整や情報共有促進に役立っています。

吉川　三層構造を活用して、NSCを小規模に保つことが可能になると思うのですが、いかがでしょうか。

ネグロポンテ　今、日本のＮＳＣのスタッフは、どれくらいいるのですか。
吉川　およそ80人ほどです。
ネグロポンテ　ニクソン大統領政権下で、キッシンジャー氏が、国家安全保障問題担当大統領補佐官だった頃と同じ規模ですね。今の規模で十分機能するので、それ以上大きくしない方がいいと思います。ＮＳＣが拡大したら、防衛省や外務省の職員の経験を生かせなくなります。私は、彼らには、あらゆる場面で貢献する力があると思います。
吉川　日本ではワシントンと比較しても若い官僚が力を持ちすぎて、それを抑えるためには、特に政治任用制を使ってＮＳＣを拡大させる必要があると思います。
ネグロポンテ　そうですか、日本では官僚が、かなり力を持っているようですね。その理由の一つとして、日本は米国程は政治任用制度が浸透していないことが考えられますね。米国では長官はもちろんのこと副長官、次官、次官補、次官補代理までが、政治任用が可能です。私自身は政治任用ではありませんでしたが。
　米国と日本とは制度が違います。米国にはシンクタンクが数多く存在し、シンクタンクから政治任用する場合もありますし、政府と民間企業で人材が出入りすることもよくあります。日本では、あまりないようですが。

吉川　そういう意味でも日本社会全体を、変えて行かなければならないと思います。

ネグロポンテ　時間が掛かりますね。

3　国家安全保障会議（ＮＳＣ）と危機管理

吉川　日本では阪神・淡路大震災の後、１９９５年に内閣危機管理監室が、そして２０１３年にＮＳＣが設立され、この二つの組織の関係性について議論されています。米国では最初にＮＳＣがあって、９１１の後に国土安全保障会議（ＨＳＣ）が設立されましたが、この二つの組織の関係から、日本は何か学べるかと思うのですが。

ネグロポンテ　私はＨＳＣで仕事をしたことがありませんが、両方とも危機管理を担当するので、技術や方法も似ていると思います。

違いと言えば、ＮＳＣは世界を相手に、常時活動しているという点です。世界では、どこかの地域で常に何かが起こるので、いつも何かしらの対処をしています。一方、ＨＳＣはハリケーン・カトリーナやエボラ出血熱、石油流出などの問題を扱いますが、そのような問題は国際問題ほど頻発することはありません。

ところで、ハリケーン・カトリーナ、ハリケーン・サンディ、石油流出対策時に、どの機関が最もリーダーシップを発揮したと思いますか。それは沿岸警備隊です。沿岸警備隊には優れた司令官がいます。日本でも、どの組織に力のある指揮官が存在するか考えることも必要です。沿岸警備隊は優れた訓練をしていて、どんな問題にも対処できると思います。日本政府と危機管理経験を共有をして、役に立てるかもしれません。

吉川　あなたはテロ対策においては、沿岸警備隊の情報機関をあまり使わなかったと聞いています。

ネグロポンテ　そうですね。テロ対策に関しては、国内ではFBIや地方警察、国外ではCIAや軍の特殊作戦が主になります。

吉川　タウンゼント氏にインタービューした際に、沿岸警備隊の情報機関をテロ対策のために整備した経緯を、お話しくださいました。

ネグロポンテ　タウンゼント氏がいてくれて私達は幸運でした。彼女は聡明で、対外政策と国内政策の関係性を、よく理解していました。

セミナーの司会をするネグロポンテ氏

吉川　彼女が国土安全保障担当大統領補佐官だった時に、テロ対策において協力されたのでしょうか。

ネグロポンテ　もちろんです。国内外に共通する問題が多くあったので、マイケル・チャートフ国土安全保障省長官とも協力しました。例えば、航空機を爆破する陰謀があったとします。実際に、あれは２００７年だったと思いますが、パキスタンのテロリストが、イギリスのマンチェスターから米国へ飛ぶ航空機の爆破を企てましたが、私たちはＦＢＩや国土安全保障省（ＤＨＳ）と協力し、エージェントを送りこんで事前に食い止めました。ＤＮＩ、ＣＩＡ、ＤＨＳのチャートフ氏やＨＳＣのタウンゼント氏で、よく協力していました。

吉川　ＮＳＣはＨＳＣと事務局を共有していて、ブッシュ大統領が二つに分け、オバマ大統領が再度統合するという経緯があったと思いますが、日本でもＮＳＣが内閣危機管理監室と事務局を共有するべきか、同じ部屋に置くべきか？　この点についてどう思われますか。

ネグロポンテ　統合してもいいと思います。タウンゼント氏は、ＮＳＣの副補佐官も兼務していました。それから経済政策担当大統領副補佐官が、ＮＳＣの経済問題の副補佐官を務めていたと思います。しかし、ＮＳＣの会議が一番多く開かれますし、国土安全保障は、そんなに重要ではないと思います。ＮＳＣは、国を守る役割を担っているのですから。

吉川　日本には地震問題があるので、両方必要だと考えています。

ネグロポンテ　米国では、危機状況に応じて特別チームを設置します。

吉川　日本では、国家機密厳守が徹底していない実情があります。NSCが内閣危機管理監室と情報を共有すると、そこから情報が漏れるのではないかと懸念する人もいます。

ネグロポンテ　状況によるでしょうが、注意が必要です。日本には国家秘密法はないのですか。

吉川　よく日本の政府関係者と、日本にこの法律がない事実について、議論をしたものですが。NSCと共に制定されたのですが、反対も多く、上手く機能していません。

ネグロポンテ　米国も機密厳守については問題があります。

吉川　日本では、どこまで情報を共有し、また制限するか判断が難しく、現状として二つの機関に分かれています。

ネグロポンテ　東日本大震災や福島第一原発事故のような状況下で、秘密にすべきことがあるのでしょうか。

吉川　原子力発電所については、テロ対策のため機密は守らなければいけませんし、安全面に関しては情報を公開しなくてはいけません。

ネグロポンテ　今、何が起こっているかについては、情報を公開するべきです。１９８６年にチェルノブイリ原発の問題が発生し、私はその特殊チームの責任者に任命されました。ちょうど東京でG7が開催されていて、レーガン大統領もジョージ・シュルツ国務長官も日本にいました。ロシアは事態を認めようとしませんでしたが、私たちは情報機関やスウェーデンの科学者から情報を得て、状況を把握していました。ロシアは情報を公開するべきだったのです。事態を認めないことで国民を危険にさらしていました。あまりの危機的状態に、ほぼ一週間後にはロシアも事態を認めざるをえませんでしたが。

吉川　日本の官僚も福島で起こっていたことを隠そうとしていたと思います。

ネグロポンテ　そうですね。国民にとって危険なことです。

吉川　私の意見では、日本の官僚機構とKGBは、似たようなところがあるのです。本日は、大変ありがとうございました。

ネグロポンテ　あなたに再びお会いできて良かったです。

【インタビューのまとめ】

以上がネグロポンテ氏インタビューの内容である。NSCと情報機関の関係だけではなく、NSCやテロ対策政策に関して色々な示唆を得ることができると思われる。

ネグロポンテ氏は、テロ対策や危機管理に関しては、特に別組織を設ける必要はないように考えているようだが、それでも各組織間の情報共有や情報開示に関しては、その重要性を繰り返し主張している。また米国型の政策や出来事への対処ごとにタスクフォースを作る方式を日本にも勧めてくださっている。

これらは私が『911から311へ――日本版国土安全保障省設立の提言』（近代消防社刊）以来、主張して来た内閣府増強論にも繋がると思う。そしてネグロポンテ氏も企画部門と実施部門の分離に関して言及していることは、重要と思われる。

コラム③

フロリダ銃撃事件による大きな変化
——国産ローンウルフ・テロ＝21世紀型テロ問題

現地時間２０１６年6月11日に米国フロリダで起こった50名が死亡したテロ事件により、テロ問題は大きな変化の節目を迎えたと思う。その理由は、例えばブルッキングス研究所が6月13日に配信した〝Omar Mateen, lone-wolf terrorist〟という報告にもあるように、この事件の犯人はネットを通じてＩＳの影響を受けたのであって、ＩＳと直接の接触をした形跡がないからである。国際テロ組織の拠点等を壊滅させるだけでは無意味というか、これからテロは個人が主体となって個別に行い、しかも大きな被害を起こせる方向に、変化して行く可能性が大きいだろう。（吉川注：この後フランスのニースで7月14日に起こった事件も、その後にドイツで起こった一連の事件も、同様と言われている。）

そこでリベラル系メディアのＡＢＣでさえが、6月13日に配信した〝Analysis: Trump and Clinton Contrasts in Orlando Response〟と言う記事の中で、このままでは大統領選までに、もっと大きなテロが起きるのではないか？――という懸念を表明している。だが、それがヒラリー・クリントンに有利かトランプに有利かは、分からないと結んでいる。

他にも米国のリベラル系メディアが、この事件を〝イスラムのテロ問題〟よりも、〝銃規制〟や〝社会的少数者差別反対〟の立場から論じる傾向があることは言うまでもない。（例えばCNN〝Was Orlando shooting terror or homophobia? Yes.〟、ワシントン・ポスト〝Guns? Terrorism? Hate crime? Media go to their corners in reporting on Orlando.〟等）

保守系と言われるWSJ紙でさえが、13日に配信した〝Orlando Shooting Widens Hillary Clinton, Donald Trump Divide〟という記事では、これを契機にイスラム系移民の入国制限強化等を主張するトランプ氏に、余り好意的な書き方ではないように感じる。

ところで同記事の中で、トランプ氏が今回の事件を〝同性

フロリダ銃撃事件が起きたナイトクラブ

愛者等にも寛容な我が自由社会への挑戦〟と述べたと伝えられたことに、私は興味を覚えた。やはりトランプ氏は、大統領になるために共和党を乗っ取ろうとしているリベラル派であるとも理解できる。同記事が、彼に余り好意的に読めない理由も、そこにあるのかもしれない。

何れにしても同記事の中で私の感覚では、トランプ氏のイスラム教徒の入国管理制限案や、モスク監視案に対して、少なくとも非常に好意的には書いていないように思う。だが、それには別の要素もあるのかもしれない。

やはり保守系のナショナル・インタレストは、12日に配信した〝How Can We Fight Homegrown Terror?〟(「いかに国産テロと戦うか?」)という記事の中で、米国内のイスラム系コミュニティを大事にすることこそが、その内部から協力を得て、今回のような事件を防ぐ方法ではないかと主張している。軍事力によってシリア等にあるISの拠点を壊滅することも主張してはいるが…。

そのような積極的な対外軍事介入に対しては、トランプ氏のような考え方の方が消極的で、ヒラリー氏の〝シリアに飛行禁止区域を設ける〟というような考え方の方が、より軍事的に積極的である。将来的に地上戦に繋がりさえする可能性もある。そこで保守に近いシカゴ・トリビューンが12日に配信した〝Amid the noise, is there middle ground for talks on U.S.-born terrorists?〟という記事によれば、共和党タカ派の一部が、ヒラリー氏支持に転換しつつあるという。

何れにしてもナショナル・インタレストの記事のような主張と、トランプ氏の主張は、矛盾しないようにも思える。リアリストのトランプが実際に大統領になれば、誠実なイスラム系移民が家族を呼び寄せたりすることには特別な配慮をしたりすることで、彼らを味方に付け、〝モスクの監視〟も外側からではなく、そのような人々による内側からの情報等を重視する方向に、政策転換する可能性もあるように思う。

例えばＷＳＪ紙は、13日に配信した〝Jihad in Orlando〟という記事の中で、ＦＢＩが今回の犯人をマークしていたにもかかわらず事件を防げなかった件に関し〝囮捜査等を積極的に行うべきだった〟と主張している。つまりイスラム系テロリストのふりをして、彼にテロを勧めてみて、その反応を見れば良かったのではないか？——ということだろう。

このようなことは９１１以降ＦＢＩは頻繁に行っている。そして手柄を増やすために知的障害のあるイスラム系移民を無理矢理テロリストに仕立てた等の出来事が、ワシントンで２０１５年４月13日に行われ私も聴講した保守系ＣＡＴＯ研究所のセミナー

“The Newburgh Sting and the FBI's Production of The Domestic Terrorism Threat”等でも問題になった程である。

逆に言うなら、そのような批判が保守派から出るくらい、米国民主主義とは健全に機能しているのである。我が日本に出来ないとは思わない。

今後は日本でも色々な意味で“国産テロ”のリスクは高まるだろう。それは大阪教育大学附属池田小学校襲撃事件や秋葉原通り魔事件等のような、純然たる“個人的テロ”かも知れない。現代世界における“テロ”とは、超高学歴エリートだけが豊かになり、他の人々が貧しく孤独になって行くばかりという、いわゆる“格差社会”こそが、遠因だからである。宗教等は正当化の手段の一つに過ぎない。前述の“Omar Mateen, lone-wolf terrorist”という報告の中でも類似した指摘もある。

秋葉原通り魔事件で犯行に使われたトラック

これからの日本の社会は池田小学校襲撃事件や秋葉原通り魔事件の犯人のような、孤独な青年がテロ的行動に走る可能性も高まる一方だろう。2016年7月26日に、相模原市の障害者施設「津久井やまゆり園」で起きた死者19名、負傷者26名の殺傷事件の犯人も同様である。彼らはシリアに渡航したりしないでも、インターネット等を通じて、ISのような組織に感化される可能性もある。そのような人物を事前に見つけ出し、心理学的な治療を施したりする政策も、今後は必要になるものと思われる。

日本でも米国型の司法取引は、近い内に合法化されようとしている。今までも麻薬犯罪に限って、厚生労働省の外局は、〝囮捜査〟を行って来た。そのように従来の警察とは別の組織——例えば内閣府や文科省等の外局として立ち上げた〝青年犯罪心理研究所〟のようなところに〝囮捜査〟を担当させるといった考え方もあって良いように思う。

因みに保守系ヘリテージ財団が6月12日に配信した〝Where Does the Hate Come From?〟という報告によれば、第二次大戦等で戦った米兵の8割以上が、敵兵を殺傷する武器を心理的に使用できなかったという。そこで米軍が心理学を駆使したトレーニングを重視し、ベトナム戦争で戦った米兵の9割以上は、敵兵を殺傷する武器を使用したという。だがベトナム帰還兵が、米国に戻ってから、深刻なトラウマに悩まされたことは、広く知られているとおりだったそうである。

このように米軍が高度な心理学的知識を駆使しても難しいことを、ＩＳがネット等を使って簡単に出来てしまう理由は何か？——それを解明することが重要であると同報告は主張している。

また同じヘリテージ財団が6月13日に配信した〝4 Reasons Why We Need Another 9/11 Commission After Orlando〟という報告は、私にとって旧知のジム・カラファーノ同財団主任研究員——拙著『911から311へ——日本版国土安全保障省設立の提言』（近代消防社刊）にもインタビュー掲載——によるものだが、その中で彼は911以降に85の対米国テロが計画されていて、その25％が過去18か月に集中している。今回の事件は、その中の第22番目の計画が、成功したものであると報告している。そして…、

(1) テロの脅威の在り方が、大きく変わっている。

(2) オバマ政権が、それへの対処に失敗している。

(3) そのためオバマ政権が、信頼を失っている。

(4) それらの理由により、超党派の協力が必要だ。

以上の四つの理由から、第二の911調査委員会のようなものを立ち上げることが、必要であると主張している。

先に挙げたＷＳＪ紙の〝Orlando Shooting Widens Hillary Clinton, Donald Trump Divide〟という記事の中でも、超党派の協力の必要性が問われている。誰が大統領になっても、２０１７年以降の米国は、テロ対策に力を入れざるを得ないだろう。

その結果として、例えばＷＳＪ紙が6月16日に配信した〝Now Can Big Data Fight Terror?〟という論説にあるような、ついに民間ＩＴ企業の持っているビッグ・データを活用して、政府が個人的テロに走りそうな人を見つけ出すような政策が、米国でも実施されることになるかもしれない。９１１以降の米国政府が、既に民間ＩＴ企業を通じた個人の情報の遣り取りまで傍受していることは、エドワード・スノーデン氏の証言等からしても、明らかである。それが更に、進んで行くわけであろう。

実際に米国の超保守系シンクタンク〝Foreign Policy Initiative〟が、6月24日に配信した〝COUNTERING ONLINE RADICALIZATION〟という報告によれば、Facebook社は既に、その顧客情報等を米英の非営利のシンクタンク等を通じて政府関係機関等と、テロ対策のために共有し始めているようだ。この流れは止めることは出来ないだろう。

単に同盟国だというだけではない。同じような近代的な価値観と生活を受け入れ、結果として同じような〝格差社会化〟になってしまっている日本にとっても、国産の個人的テロは、他人事では決してない。日本にも既に通信傍受法はある。それの運用を拡大し、更には民間企業の持つ個人情報等も、テロに走る可能性のある人物を見つけるために、活用できるような法整備も急ぐべきだろう。

そうして見つけ出された要注意人物を、いきなり逮捕したりしなくとも良い。前述のように心理学等を駆使して〝逆洗脳〟というか、精神的に正常な一般市民に戻す努力を最初は行えば良い。それもネットを通じて出来る時代である。前記の〝COUNTERING ONLINE RADICALIZATION〟という報告でも、そのような行き方が推奨されている。それでダメだったら、逮捕等すれば良いのである。

プライバシー保護のためには、他の政府機関を監視する第三者委員会のようなものを設置すれば良いだろう。それに関しては最後のコラム「監視社会は恐怖の社会か？」で再び触れたいと思う。

繰り返すが今後は日本も国産の個人的テロへの対策が重要になるだろう。相模原市の事件は、大きな予兆である。政府関係者だけではない。全国民が考えていかねばならない重大な問題だろう。

インタビュー④

フアン・ザラテ元ＮＳＣ担当大統領副補佐官

【インタビューの意義】

以下はブッシュ二世政権でＮＳＣ担当大統領副補佐官としてＨＳＣ、ＤＨＳ、ＤＮＩ等の設立に深く関与されたフアン・ザラテ氏とのインタビューの結論部分である。このインタビューは二回に分けて非常な長時間を掛けて行われ、しかも内容的に余りにも専門的過ぎるので、本書では全文の掲載は見送った。

しかし、その結論部分とも言うべきザラテ氏の米国政府改革に関する四つの案は、テロ対策だけではなく、日本における行革や政治システムの改革にも、非常に参考になるものと思われ

フアン・ザラテ氏（右）と著者

る。それだけではなく、これは本書の中で続く河野太郎前国家公安委員長インタビューの中で語られる、過去数年間に行われた内閣府を含む日本の省庁間の権限や役割分担の再編等の問題とも木霊する部分が多いと判断し、この部分だけ掲載することとした。

なお同氏インタビューの前半3分の1程が、一般社団法人日本安全保障・危機管理学会の機関誌第24号に掲載されている。ご興味のある方は同学会に問い合わせ頂ければ幸いと思う

【インタビューの内容】

吉川　日本では省庁がバラバラすぎるので、これからNSC等を強化していくことが必要ではないかと言われています。そこで米国の現状等を教えて頂ければ幸いです。

ザラテ　最近の議論の中に、米国のナショナル・セキュリティ・システムの機能に関するものがあり、強い中央集権型（セントラライズ）の方針策定のために、トップの考えが力を持ちすぎていて考え方が固定化され、実際に有効な政策決定ができていないということが挙げられています。

現在の米国のシステムの傾向として、特にオバマ政権下で見られるのですが、ホワイトハウスは共同で政策決定を行おうという姿勢が見受けられます。イラン・コントラ事件の頃から始

まっていますが、スタッフに権限がありすぎること、そして同時に世界で起こっている全ての問題に対応しなければならないというダイナミックな緊張があるので、急いで決断しなければならないという状況があります。ですから米国がやろうとしていることは、政策決定における権力を分散させるように改革し、内部の機関を指揮することです。

このことはテロリズムに直面した時に明確に理解したのですが、大統領や長官の命令に従って戦略を実行するクウォーター・バックのような存在が必要です。ですから執行を司る人もしくは組織がなくてはなりません。理想としては省庁が、その役割を務めるのが望ましく、様々な政府の部署を巻き込む場合、米国の構造ではＣＩＡの指揮官が司法長官に指示したり、州部門がエネルギー部門に指示したりすることが非常に困難です。ある程度の中央集権は必要ですが、中央集権という形態の中にも、権力の綱引きの状態があります。

どのような改革が現在進行されているかという四つの例をこれから述べます。

第一に、現在進んでいる改革をアイデアとして教えると、インテリジェンス・コミュニティ内にＮＩＭ（National Intelligence Manager）があり、彼らの仕事は一つの問題に対して、インテリジェンス・コミュニティ・エイジェンシー間をコーディネートします。例えばイラン、脅威ファイナンス（threat finance）、特別な領域など、インテリジェンス・コミュニティ構造内には多様な専門領域があるので、それらをまとめる役割を果たしています。これが一つの例です。

二つ目のモデルは、Policy Czar（政策指導者）です。大統領に対して責任のある人が、特定の問題に関してコーディネート役を果たすという仕組があります。例えば、サイバー・ツァー、ドラッグ・ポリシー・ツァー、エボラ・ツァーなどがあり、彼らの役割はホワイトハウスの方針に従ってコーディネートすることです。彼らは予算ももたず、どこの省庁にも属せず、単にコーディネート役として存在しています。これが米国政府がコーディネートし実行しようとしている二つ目の政策です。

三つ目のモデルは、米国政府とコーディネートする代替のユニットや組織を作ることです。例えば国家テロ対策センター（National Counter Terrorism Center：NCTC）があり、より機能面に関して、特定の問題に対して調整を行うという責任を負っています。またNCTCは政策立案に関して、テロ対策における国家情報部長のような役割を担うと同時に、データ・インテグレータとアナリストのような役目も果たし、さらにはNSCの片腕となっています。これが関係者を含めたセンターを作って政策を下から押し上げ、問題の円滑な実施を確保するというモデルです。これは議会によって編成され、予算も持ち、官僚組織のどこかに位置づけられ、通常は例えば国家情報長官のような人が置かれ、基本的合意に基づいています。

四つ目は、私はこれが一番興味深いと思うのですが、最もシンプルながら、最も実行することが難しいと言える「連邦機関を率いるモデル」です。言ってみると、私たちは新しいものを作ったり、新たに誰かをホワイトハウス内の高いポジションに設定したりしているわけではなく、既に存在する主要な大統領顧問委員会・内閣（Cabinet member）の人――例えばエネルギー省長官、核セキュリティなどの人たちに大統領に代わって権限を与え、問題に対する中心的な存在として、各省庁の調整役として問題解決に当たらせるというものです。彼らは既に権限を持って問題解決に当たっているわけですが、コーディネート役となるために更なる権限を与え、大統領のために働いてもらうのです。国土安全保障省長官に関しても同様で、もちろん国土安全保障省の管轄外の問題は多くありますが、国土安全保障省が主要責任を負う管轄内の問題に関しては、連邦機関の指揮官役として任命されています。これが四つ目のモデルです。昔のCIAモデルと似ていて、CIAの指揮官でありながら、同時にインテリジェンス・コミュニティをコーディネートしていたようなものです。

吉川　いま安倍内閣でも、それと似たような政策がとられています。同時に安倍内閣は、内閣府というところでも日本政府をまとめようとしていて、ハイブリッドのような形ですね。そこで上手くＴＰＰも進んでいるし、宇宙政策等も進んでいる。これからＮＳＣとは別に内閣府も、大きな役割を果たして、テロ対策政策が日本で動いていくことを、私としては期待しています。

ザラテ　どうコーディネートを行っていくか議論を交わしているという日本の現状は、大変興味深いです。米国のシステムの複雑なところの一つは、いかに連邦政府、州政府、地方政府が協同するかということです。

米国における国土安全保障に関する最も大きな問題は、警察のほとんどの権限は、連邦政府ではなく地方と州の政府にあるということです。また企業のサイバー・セキュリティに関しては、民間団体が問題に対応しています。つまり、これまでお話してきたように、構造の殆どが連邦政府の中央集権体制となっているので、州、地方そして民間セクターの利害関係者の状況に合わせて順応し、協同することが大変難しいのです。

多分、民間団体に対応する役割を担っているのは、国土安全保障省だと思います。政府の中には専門部門がありますが、彼らは国内の組織や会社に関わる問題に対しては、あまり責任を負ってはいません。

吉川　日本でも同じように、お役所とか、出先の警察署と、あと民間企業との協力は、すごく問題になっているし、それを政府がきちっとマネージメントできるようになるのには、やはり日本の場合は外国――特に米国と協力するために、それが必要だというモチベーションが、非常に大事だと思います。特にＴＰＰがまとまったのは、内閣府が経済産業省や農水省を仕切るようになってからまとまったので、ＴＰＰのような日米の協力が、今後は日本国内をまとめるためにも大事だと思います。

ザラテ　そのとおりですね。ところで、経済問題を司っているホワイトハウスの国家経済会議(National Economic Council：ＮＥＣ）については、まだお話していませんでしたね。課題の一つは、世界経済や地理経済学が、どのように国家安全保障や国土安全保障と調和するかということです。昔から、ＮＥＣとＮＳＣは重要な問題に関して、例えば国家安全保障担当補佐官代理が両方の組織に報告するなど、協力体制がとれていますが、まだ大きな課題であると言えます。日本は、そのような経済・貿易問題に関して、上手くやっていると評価できると思います。

吉川　だから、これからも日米協力を通じて、お互いの国の中が、まとまって行ければ良いと思います。

ザラテ　そのとおりですね。私の本でも述べていて、今後も引

第４代ＤＨＳ長官ジェイ・ジョンソン氏と対談するザラテ氏（右）

き続き提唱して行きますが、米国では国家安全保障の経済政策について、より包括的に考えていくことが必要です。特に同盟関係がある日本と、また国家の利益のためにより積極的な資源、経済、財政・金融制度の利用を考えている中国に対し、このような国家安全保障の経済政策について考え、関係を築いていかなければなりません。

しかし私は、米国が十分このような問題について、戦略的に考えられているとは思いません。なぜなら商業側と国家安全保障とが、別々に意思決定を行っているという、構造的な理由があるからです。その二つは融合され、地理経済学の新たな挑戦的課題に取り組むべきなのですが、その点に関し米国は、上手くできていません。ですから私は、国家の経済安全保障に対して米国政府が、より視野を広げて取り組むように、外部からプレッシャーをかけ続けています。

吉川　私も同じことを内閣府の強化という形で、日本政府に働きかけたいと思っているので、この相互の仕組みが共振するようになれば良いと思っています。今日はありがとうございました。

【インタビューのまとめ】

以上がザラテ元NSC担当大統領副補佐官インタビューの結論部分である。日本では省庁の協力関係が上手く行かない現象を解決するために、何らかの意味で権限を集中ないし調整できる方法が色々と模索されているが、米国では逆に大統領等に権限が集中し過ぎて、却って円滑な政策運営が難しくなっている。しかし中央＝地方関係や、官と民の協力関係に問題があることは、共通しているとも言える。

その解決策としてザラテ氏が提唱している四つの改革案の最後のものが、この後に出て来る河野太郎前国家公安委員長インタビューでも出て来る、安倍政権が２０１５年に行った改革に似た部分があるのは、極めて興味深いと思う。そのような同じ方向での日米双方の政治と政策の調整方式の改革により、米国と日本の各々の政策実行能力の向上と協力関係の深化が進めば、それは最も望ましいように思われる。

そのような両国の望ましい変化の、原因でもあり結果でもある政策の、最重要なものの一つが、テロ対策政策ではないだろうか？　その方向で今後も努力を続けて行きたいと思う。

コラム④

日本政府は民間軍事会社と契約せよ！
——ダッカ日本人人質殺害事件に関する提言

現地時間2016年7月1日の夜、バングラデシュの首都ダッカで、ISのメンバーを名乗る武装グループによってレストランが占拠され、その翌朝の軍による救出作戦により、犯人グループは1人を残し殲滅させられたが、人質20人も死亡して発見された。その中には日本人7人も含まれており、それは国際協力機構（Japan International Cooperation Agency：JICA）の関係者だった。JICAは日本の開発援助を担う外務省所管の独立行政法人で、このテロ事件で犠牲になった人々も、バングラデシュの経済発展を援助するために現地に来ていた人々だった。この報道を受けて私は、日本の政府関係機関等も民間軍事会社と契約するべきではないかと考えた。

日本では民間軍事会社は非常に印象が悪い。実際に、イラク等で米軍と協力していた民間軍事会社のメンバーが、何回か不祥事を起こしている。しかし今となっては国際的なセキュリティ問題等を考える時、民間軍事会社は欠かすことの出来ない組織になっている。

私は今から約10年前、日本人としては国連で最高位に近いところまで行った人物から、その人物が国連関係機関高官だった1990年代くらいから、国連関連機関でも、職員等の警備には、民間軍事会社を使うようになったと聞いたことがある。その人物によれば平和構築活動――場合によっては対ゲリラ作戦にまで民間軍事会社を使うことが考えられたが、予算上の制約と、そして後のイラク等で起こったような不祥事に対する責任の所在等を考慮して、その段階では平和構築活動に民間軍事会社を使うことは、実行されなかったという。

しかし2000年代に入って世界は「対テロ戦争」の時代に突入。相手国の治安能力が不十分なため、民間軍事会社に頼らざるを得ない場合が出てきた。民間軍事会社の業務としては、情報収集、地雷除去、兵器処分、武装解除等である。民間軍事会社には優秀な軍経験者、警察、司法経験者等の人材がいるためである。

ＪＩＣＡの援助でバングラデシュに出来た橋（ＪＩＣＡ提供）

さて前述の元国連高官と話をしたのと同時期くらいに、国際法等の大家で日本政府の審議会等の役員も歴任されている著名な大学教授とも、やはり次のような会話をした。イラクで起こった民間軍事会社による不祥事に関して話をしていて、その頃に小泉構造改革で出来るようになった民営保育所で、保母による児童虐待事件が起こった例も私が出すと、その教授が「確かに同じ現象なのだ。」とおっしゃられた。そして続けられた。「だから教育や軍事は、従来型の国家が責任を持って行わなければならないという考え方は、間違っている。この民営化の流れは、止められない。そのような不祥事を、起こさせないルール作りこそが、重要になって行くと思う。」

実際に1990年代のシエラレオネ紛争解決のために、国連PKOは約13億ドル掛かったのに対し、民間軍事会社大手 Executive Outcomes 社は、ダイヤ鉱山等の利権を得たこともあったが、それ以外に受け取った金額は2,500万ドルだった。大体この民間軍事会社と国連PKOなら、1対10の割合で前者が安くつくという。PKOも国家の軍隊の集まりであり、国家の軍隊は訓練や退役後の年金でお金が掛かるという問題もあるものと

国連安保理が開かれる会議室での著者

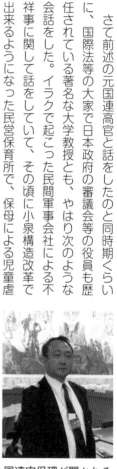

思われる。（例えば The Wire 誌が偶然にもダッカ事件と同じ日に配信した記事〝Is the World Ready for Private Military Companies as Peacekeepers?〟に以上のようなことが書かれている。）

そこで国連も2000年代に入ってから民間軍事会社を使った場合に不祥事を起こさせないためのハンドブックのようなものも作った。それには一見は国連側が定めた論理や法令に沿って活動するよう指示しているように見えるが、実際のところ民間軍事会社は武力行使、戦略基準の規制等は全くされていないし、民間軍事会社が不祥事を起こした場合も、国連ではなく民間軍事会社が全責任を負うようなことが、ハンドブックには表明されている。

以上のような状況とパラレルに米国の国際開発庁（United States Agency for International Development：USAID）も民間軍事会社を使い始めた。USAIDはJICAの兄的な存在で、ジョン・F・ケネディ大統領の命令により、それまで各部署等に分散されていた米国の対外非軍事的援助

アフガンにおける民間軍事会社

を効率的に一本化するため、1961年に設立された。その翌年には、JICAの前身の一つである海外技術協力事業団等が発足しており、まさに兄弟組織とも言える。

そのUSAIDも国連と同様に、今は破綻国家における治安部門再建等にも、民間軍事会社を使っているが、さらに遡れば、やはり職員の警備から始まったと考えて良いだろう。不祥事が起きた場合の米国の国際的評価に配慮して、国連以上に躊躇いがあったとも言われている。

しかしUSAIDの活動は、国連と同等か同等以上に、NGOとの連携が不可欠である。そのNGO達が民間軍事会社に、警備や武装解除等の業務を委託し始めたことが、USAIDが民間軍事会社に業務を委託する契機となった。

そのため今でもUSAIDが直接というよりも、NGOが間に入る形で民間軍事会社を活動させるケースが多いようだ。その場合でも不祥事を起こさせない委託基準等はUSAIDが決められる。しかし、その基準も国連のハンドブックと大差はないようだ。

だがUSAIDやNGOの警備等を行う民間軍事会社は、アフガンやイラクで米軍と一体化して戦っているものとは違い、武器の使用や携行には、相手国の同意や正当防衛といった理由付けが必要になる。民間軍事会社の法的地位や規制には今後の課題も多い。

だが米国ではInternational Stability Operations Association（ISOA）と呼ばれる民間軍事会社の業界団体が出来ていて、そこが同業他社の評価を行っている。そこでの評価が高い会社は、USAIDやNGOそして国連関連機関等の仕事も得やすい。

以上のことは日本にも、非常に参考になるものと思われる。ダッカ事件を受けてJICA等の日本の政府機関も、民間軍事会社に大規模で本格的な警備を依頼することを、検討してはどうか？

外国の既存の民間軍事会社に依頼するだけではない。本書の後半部分でも触れられるように、日本における〝警備〟とは、民間警備会社等と非常に密接な関係にある。それらを海外にも派遣できる、また国の内外を問わず銃砲の携行程度は許されるように規制緩和する。大きなビジネス・チャンスにもなる筈である。

例えば銃砲の携行に関しては、全従業員に占める元自衛官や元警察官等の割合等を、基準にする等の方法も考えられるだろう。不祥事を起こさせないコンプライアンス等に

ＵＳＡＩＤの援助活動
（米国海軍提供）

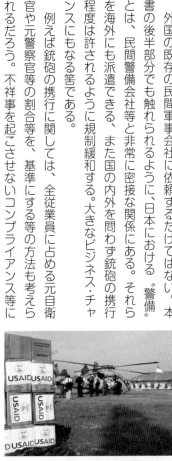

関しては、ISOA方式が非常な参考になるのではないか？　もう日本人も全てを国に任せる思考から脱却し、自己責任による評価を行う習慣を身につける時ではないか？　そうすれば生真面目な日本人のこと。国際的に活動する民間軍事会社、民間警備会社の、世界標準で理想的なコンプライアンスが、日本から出てきて国連や米国政府が手本にするようにもなるかもしれない。

何れにしても米国でさえNGOが間に入るケースが多いので、日本の政府機関が民間の軍事会社、警備会社を海外の邦人保護に使うなら、NGOが間に入った形にした方が、良いだろう。そのようなNGOの育成も、重要な課題になって来る。

それも内閣府の役割ではないだろうか？　今では都道府県に殆どの業務が移管されているようだが、最初の内は大規模なNPO法人の認可等は、内閣府が行っていた。今でもNPOの認可等のガイドラインは内閣府にある。ノウハウ等もあるのではないか？

そのようなNGO団体が間に入った形にすれば、外国のものか日本のものかに関わらず、民間警備会社、民間軍事会社が、日本政府関係だけではなく、海外に進出した日本企業を守ることも容易になる。既に日本の民間企業は、出張時の警護等には、米国系等の民間軍事会社を使っている。

それどころか取材を進めてみると、ＪＩＣＡもアフガンやイラク等では、民間軍事会社を少しでも使っているような情報もある。しかし日本国憲法９条の制約があるからなのか、そのような会社と契約する時に、会社名や契約書の中に、何らかの形でmilitaryという言葉が入っていたり、ＪＩＣＡ以外の契約者のために、軍事的な活動や訓練あるいは大規模なロジスティック等を行っている会社とは、ＪＩＣＡは契約を行わない。現地政府に〝警備〟会社として登録されているかどうかが、契約する上で重視される。

何れにしてもＪＩＣＡが民間〝警備〟会社と契約する時は、やはり出張移動時の警護や現地オフィスのセキュリティ保護が中心のようだ。現地オフィスのセキュリティ保護も、現地情勢へのアドバイスを受けるケースが多い。現地オフィスの物理的警備等も、同程度には依頼しているようだが…。

また不祥事を起こさせないために国連やＵＳＡＩＤが持っている程度の基準も十分とは言えず、契約ごとに契約書に書き込むような形にしているようだ。それも国連やＵＳＡＩＤのように大規模に民間軍事会社を使うことを難しくしている要因の、一つではないかと私見では思う。

これで国連でさえ民間軍事会社を使っている「テロの世紀」に、海外で活動する日本人の安全を守ることが、十分に出来るのだろうか？ もし前記のような日本国内の法整備が進み、まして日系の民間軍事会社も出来るようになれば、ＪＩＣＡ等の日本の政府機関も民間企業も、民間軍事会社等による施設や関係者の警備等を、恒常的なものにし易くなるのではないか？ 今でもＮＧＯが間に入った形にすれば、ある程度以上は出来るのではないかとも思われる。

日本は憲法上の制約等があるので、ＪＩＣＡが契約を避けるような民間〝軍事〟会社は、作れないという考え方もある。確かに拳銃やライフル以上の大型兵器を持つ〝警備会社〟が国内に存在することは、今の日本の状況では望ましいとは言えない。もちろん法的な権限の問題もあるかもしれない。

そうであれば現地法人の形にすれば良い。そのような現地法人の形での日系民間軍事会社の設立等の支援も、日本政府と協力するＮＧＯに任せるのが良いだろう。

武器の携行等は相手国との交渉次第だろうが、それもＮＧＯ等が間に入った形になれば、スムーズに出来る可能性も低くない。それら武器の使用は、テロリストが先に攻撃して来れば、正当防衛でしかない。そのようなことが実現すれば、２０１３年１月にアルジェリアで起きたような事件でも、日本人の生命を効果的に守れるようになるかもしれない。

何れにしても今回のダッカ事件を見るまでもなく９１１以降の21世紀世界は、国連までもが民間軍事会社に頼らざるを得ないくらいの、厳しい「テロの時代」に突入しているのである。日本人も本気で思考を変えるべき時だろう。

（参考資料）

http://dare.uva.nl/cgi/arno/show.cgi?fid=341519

http://www.dcaf.ch/content/download/45662/678940/file/ssr_paper3.pdf

インタビュー⑤

河野太郎前国家公安委員会委員長

【インタビューの目的】

２０１６年２月２日、国際テロ問題に関して、当時の国家公安委員会委員長である河野太郎氏にインタビューをお願いした。テロ対策の最前線に立つ警察組織の最高のトップ的な立場の閣僚の見解を伺うことは、テロ対策に関する日本政府の現状に関して知る上で、必要不可欠と考えたからである。多くの方々の参考になれば幸いと思う。

河野太郎国家公安委員会委員長（当時）（右）と著者

【インタビューの内容】

1　日本のテロ対策の現状

吉川　まず、お忙しいと思いますので端的に本題に入らせて頂きますが、フランスのパリでも、米国のカルフォルニアでも、テロ事件が起きて、日本でもこれから伊勢志摩サミットさらには東京オリンピック等をターゲットにしたテロ事件が起きる可能性が危惧されています。海外からテロリストが入ってくるなり、テロリストの影響を受けた日本人が、テロ事件を起さないようにするために、警察の方々、外務省の方々、防衛省の方々、法務省の方々、入国管理局の方々あるいは税関の方々――そういった方々が、どのように協力してくださっているのか？　お話を伺えればと思います。よろしくお願いします。

河野　最初に行わなければならないのは、テロリストを水際で阻止するということだと思います。それは警察から情報を入管、税関に提供して、入国管理のところで、少なくともこの人物は危険だというものについては、入国をさせないというのが、まず一つ大きな政策だと思います。それからもう一つは、これは欧米と比べると比較的うまく行っているのは、まず銃の規制を徹底してやるということで、おそらく日本でサブ・マシンガンを振り回してテロリストが何かするという確率は、欧州、米国と比べると、極めて低いだろうと思います。

吉川　そうですね。

河野　それから爆弾を作るのに必要な化学品の中には、普通に流通されているものも多数ありますけれども、それは事業者からおかしな動き、おかしな購買があれば、ご連絡を頂くことになっています。これは時々色々な形で警察もチェックさせて頂いていますが、比較的情報提供はスムーズに行われていると思います。

あとはソフト・ターゲットを、どう警備するかというところで、いま色々な防犯カメラがありますが、ここへなるべく顔認証みたいなものを、しっかりと組み入れていく。今までの警察は、捜査の証拠として使うために、顔認証は絶対徳的できるという正確性が要求されてきました。しかしテロ対策の分野では、多少精度は下がっても、人の流れできちんと反応しなければいけません。今までとは少し違った顔認証の技術というのを、しっかり防犯カメラに組み込んで行って、色々な場所でテロリストと思われる顔認証がヒットしたら、そこで速やかに声を掛けるという体制を、どう作って行くか。

特殊部隊ＳＡＴの訓練（警察庁提供）

どちらかと言うとソフト・ターゲットは民間施設が多いですから、民間と協力をして行くことになると思いますね。

あとは本当にテロリストが何か事を起こした時のために、銃器対策部隊やSATの練度を上げて行く。あるいは必要な資機材をグレード・アップして行くことも必要でしょう。

原子力発電所などでは自衛隊と警察の間で、演習なども行っています。自衛隊の協力が必要な、そうした部門については、自衛隊と連携をしています。

あとは物理的なテロリストの攻撃も勿論ですが、やはりサイバー・テロ——特に重要インフラに対するサイバー・テロというのが、一番大きな今後の脅威だと思っています。これは、やはりインフラ事業者としっかり提携をして、このサイバー・テロに備えるということを、もう少し強化しなければなりません。

2　民間との協力関係

吉川　そのサイバー・テロや、先ほどの顔認証の防犯カメラの問題での民間との協力それから爆発物の原料になる薬品や何かの管理というのは、警察と民間の直接の関わりだけではなくて、間に他の経済産業省とか厚生労働省とか農林水産省などが入ってくる場合もあるかと思います。

そして、やはり税関、入管との協力関係。更に国際的な米国なり、ＩＣＰＯ（国際刑事警察機構）や国連からの情報等を、うまく組み合わせて行くようなシステムが、必要だと思います。

まず民間との協力関係に関しては、いかがでしょうか。

河野　この間のスイスのダボス会議でも、テロ対策に官民連携が必須だという話になりました。サイバー・テロ対策において、官民連携が必要だと、国際的にもそういう見方になっています。

日本の場合この官民連携が、さっきの爆発物に関する化学品にしても、かなりスムーズに行っている方だと思っています。そういう意味でも今、都道府県警察単位で中小企業に対するサイバー・セキュリティーの支援というのを、確か京都府警か何かが最初にスタートして、この間警視庁が都知事にも来て頂いて、立ち上げをやりました。ただしサイバー・テロ対策の支援をやりますと言っているところが、ホームページが閲覧不能になりましたというのは、極めて残念だとは思いますが、お陰様で官民連携は、しっかり前へ進

原子力関連施設警戒隊を激励する警察庁長官（警察庁提供）

んでいると思っています。

やはり重要インフラの対策を考えると、極めてリアルな世界のテロについても、サイバーに関するテロについても、官民連携を進めなければなりません。米国などでも、そうなって来たのだろうと思いますが、少なくとも、その辺は日本の方が進んでいるのではないかなと思います。

吉川　生体認証システム等も、私も日本製の優れたものを米国政府に入れたいという相談を、ワシントンのロビーストから受けたことがあるぐらいです。先ほど先生がおっしゃっていた顔認証等に関する民間との協力等は、どのように行われているのでしょうか。

河野　色々な施設が顔認証を将来的に考えていて、防犯カメラを少しグレード・アップしなければいけないと言って来てくれています。いまテロに限らず、色々な捜査に関しては、防犯カメラが非常に重要な役割を果たすようになってきましたので、色々なご相談を警察で承って、情報交換させて頂くことは、かなり頻繁にやっています。

吉川　先ほどのお話ですと、従来の犯罪捜査の必要とする精密なものというよりも、少しでも怪しい人がいたら反応するような、そういう方向に切り替えて行きたいということでしたが。

河野　ソフトの問題ですよね。今までの顔認証というのは、この人とこの人が百パーセントに近く一致しますという証拠として、裁判に提出できるかが大事だったと思います。しかしソフト・ターゲットに入ってくる大勢の人の中から怪しい人を見つけ出すというのは、その精度が多少下がってでも、怪しい人をきちっと網にかけて、声を掛けて、違ったらごめんなさいと言うこともあるかもしれません。しかし百パーセント確実かどうかというのを見ているうちに、どんどんテロリストが入って来るようでは困ります。今までとは少し方向性の違う技術の研究というのも、これから行わなければならないのです。

吉川　それは警察と民間とが、協力して行うのでしょうか。

河野　警察も、科学警察研究所をはじめとした色々な研究所で、顔認証の研究を行っていますし、民間でもそういう技術があるならば、防犯カメラにそういうソフトを組み込んで頂いて、そこは連携をさせて頂くことは十分にあり得ると思います。

3　官僚組織間の協力関係

吉川　それで私が一番伺いたかったのは入国管理です。入管、税関と警察との協力。更に言うならば入管と税関との協力関係。これらについてお聞かせください。

河野　警察が国際刑事警察機構（International Criminal Police Organization：ＩＣＰＯ）

や外国の情報機関から頂いた、指紋ですとか顔認証のデータ等を、入管で入国する時に指紋を採ったり顔写真を撮ったりしている中で、これは怪しいという人は、入管できちっと止めてくださいねというような情報交換は、常に行っています。それは税関を含め警察、入管等が、コアなグループとして常に情報交換を行い、ＩＣＰＯや諸外国から常に情報を頂いて、それを更新しています。港や空港じゃないところから密入国されるというケースもありますから、それは百パーセントとは言いませんが、少なくとも船や飛行機で来る人は、そこで相当怪しいものは、しっかり止めるということができます。

吉川　相当怪しくはないけれども、少し怪しいというか、そういう人で入国を許さざるを得なかった場合に、入管なり税関なりから警察の方に通報が来るとか、そういうシステムも出来上がっているわけですか。

河野　そこの情報交換は、しっかり行っていますし、怪しかったら怪しいかどうかを確かめてから入れないと、怪しいけど入国させてしまうということはないと思います。

吉川　しかし証拠不十分等で仕方がないという場合もあるのではないでしょうか。

河野　いや仕方がないということは通らないので、それは数時間留め置いてでも、どうなのかということは、はっきりしなければいけないと思います。

吉川　いずれにしましても、そういう警察や税関、入管等の協力関係というのは、今は内閣官房にある水際対策幹事会が、メインで調整していらっしゃるのですよね。

河野　もう直接色々行ってますし、内閣官房で色々な情報交換あるいは意思決定のようなことも行ってくれています。危機管理は内閣官房で音頭を取ってもらう。常日頃、組織同士の情報交換は動いていますので、そこはうまく行っていると思います。

4　内閣官房と内閣府を巡る諸問題

吉川　ただ私が色々と学者の方々と話し合ったり、ワシントンで色々と日本政府の様子を見ている方々のお話を聞いても、やはり日本の昔からの省庁縦割りの問題で、例えば米国政府からテロ情報が日本の内閣官房に行っても、それがきちっと税関、入管とか警察まで行っているかどうかとか、いろいろ疑問に感じている複数の意見を聞いていますけれども。

やはり日本のお役所の縦割りの弊害というのは昔から言われてきています。テロの問題だけではなく、色々な業務の重複その他の行革の問題に関しても、河野先生は日本の第一人者で、いま警察担当であられると同時に行革大臣でもあられるわけですが、そういう組織の縦割りの弊害を内閣官房がきちっと調整できていると思われますか。

河野　法務省の副大臣として杉浦正健大臣のもとで入管を担当をしていましたけれども、法務省側から見ても特に問題はなかったですし、いま警察側から見ても特に問題があるとは思っていません。それは官房以前に、入管と警察の間の情報交換というのは、特に昨今は緊密にやっていますから、そこはあまり問題があるとは思っていないですね。

吉川　警察と税関、入管等によるテロ対策という問題に限らず、広く日本の行政全体の、そういう横の連携を創り出すには、やはり縦割り組織の代表者の連絡会である内閣官房では、十分ではないのではないか？——ということで15年前に内閣府が創られたというように、私としては認識しています。

やはり、もっと内閣府が、いわゆる横串というか、そういう省庁同士の協力や連絡のために、働いていくようにした方が、良いのではないかということが、私の問題意識なのですが。ちょうど先生は防災大臣もされてらっしゃいますし、防災問題というのも、やはり警察、消防、自衛隊等が、関わってきます。この横串の問題——内閣府の役割の

長崎、佐賀及び大分県警察と陸上自衛隊第４師団との共同実動訓練
（警察庁提供）

問題に関して先生は、どのようにお考えになられますか。

河野　橋本行革で内閣府というのを創りましたけれども、とにかく何かあると内閣府ということで、やたらと肥大してきましたので、去年内閣府をスリムにしようとスリム化法というのを作りました。内閣府で行っていた業務を、きちんと一番関わりの深い省庁へ出すと同時に、それぞれの省庁が、それぞれ決定の範囲以内で、総合調整をかけられるようにしました。内閣府に頼らなくても、一番関係の深い省庁が音頭をとって、総合調整をするようになります。特に内閣府が何か音頭をとらなければ出来ないという体制は、これから改まってくると思うのです。

今までは言っては悪いのですが、何でも内閣府に投げておけば済むみたいなことがありましたので、それはやはり違うと思います。一番関係の深いところが、きちんとリーダーシップを取らなければいけません。今までは内閣官房か内閣府しか、総合調整ができなかったけれども、今度は各府省が、そういう調整をかけることができるようになりますので、そういう意味では横串というか、そういう調整はやりやすくなると思いますね。

吉川　やはり日本の組織の体質というか、ここの組織は、ここの組織の考え方とか方針とか、組織の利益に基づいて物を考えて動いく。そういう日本のお役所に総合調整を任せるようにしていると、やはり本当に全体のためになるかどうか、分からない方向に行ってしまうリスクというのもあるのではないかと思います。

　だから米国は、やはりNSCなどは国防省、国務省とは、また別のところで、マイケル・グリーン先生のような専門家が集まって、外交政策、防衛政策について、企画をしたりしているわけですが、そういうある種の政策企画の役割というのは、内閣府が大事なのではないかと思うのですが、いかがなのでしょうか。

河野　内閣府が総合調整を行うものもありますし、内閣官房で行っているものもあります。内閣官房や内閣府というものは、時の重要事項をとりあえずここでやらせる。それが過ぎたら、やはりきちっと元の担当すべき部署へ戻す。そうでないと次の重要事項が受けられなくなります。余り内閣府が肥大化していっても、何だか良く分からないことになってしまいます。総合調整を各府省で行えるものは、各府省が今後は、しっかり持ちますので、それはむしろ積極的に、内閣府から外へ出していかなければいけないと思います。

吉川　そうすると内閣府というのは今後ある特定の政策が、これは警察で出来るとか経済産業省で出来るとか、そこまで軌道に乗せるインキュベーター（孵化装置）的な役割を果たし、その政策が軌道に乗ってきたら、本来のところに戻すような、そんな感じでしょうか。

河野　インキュベーターというのは、良い言葉かもしれないですね。

5　テロ対策の主体は、どこか？

吉川　そうすると話は戻しますけれども、テロ対策に関しては今は、どこがそういう水際対策ですとか、民間との連携、調整を行っているのでしょうか。

河野　民間の連携は警察が、しっかりと都道府県警察でやる部分と警察庁がやる部分を、仕分けながら行っています。

吉川　爆発物の取り締まりは先ほど申し上げたように、場合によっては経済産業省とか厚生労働省、農林水産省が間に入ってくるのかなと思いますが。

河野　それは警察庁から経済産業省等にお願いをして、事業者に対する要請を行ったりします。都道府県警では、事業者への個別訪問を行っていますが、警察庁が霞ヶ関の窓口です。

吉川　水際対策の方は、いかがでしょうか。

河野　入管と警察庁で、提携しながらやります。

吉川　どちらがメインということは、ないわけですか。

河野　それは入管は入管が行いますけど、そこへ情報を提供するのは警察です。

吉川　税関の方は、いかがでしょうか。

河野　税関も同じです。情報提供をする元は、こちらから提供しますけれども、実際に税関で止めるのは税関ですし、入管で止めるのは入管。そこへ必要な情報は、警察から行きます。

6　テロ関係情報に関する問題

吉川　警察に外国から来る情報は、どのように来るようになっているのでしょうか。

河野　それは各カウンター・パートとは、色々な形で情報のやりとりをしています。それは色々な形で情報が来ます。

吉川　例えば米国は911のあと、FBIとCIAと軍情報部等のテロ対策の専門家が集まって、国家テロ対策センターというのを創って、ここは100万人のテロリスト情報を持っていそうです。

河野　100万人ですか？

吉川　それぐらい情報を持っているらしいです。それが911やイラク戦争の失敗の結果、CIAに代って、そういう情報コミュニティを統括するというかスーパー・バイズする役割のために作られた国家情報長官事務所の下に入っています。その国家テロ対策センターから国家情報長官事務所に上がってきた情報というのが、国家情報長官事務所のカウンター・パートナーが内閣情報調査室なので、そちらには行っているらしいのですけど、やはりワシントンでは何か日本のお役所は縦割りだし、内閣官房というのは情報調査室も含めて縦割りのお役所の人が、ローテーション人事で何年かいるだけだし、国家情報長官事務所から内閣情報調査室に情報を送っても、きちんと警察や税関、入管に下りているかどうかというような心配は、あるようなのですが。

河野　情報のやりとりは、そこだけではありませんが、特に米国、欧州との情報交換については、私も全く心配は今はしていないです。

吉川　日本の警察庁はＦＢＩですとか、ＣＩＡですとか、そういうところと密接に協力を直接されていますからね。ただ、それに関して外務省とか法務省が、警察だけに任せて良いのか、自分たちもそういった国際テロ情報が欲しいということで、外務省は外務省、法務省は法務省で、警察とは別に動いているというような話も私は、ワシントンでも聞いたことがあるのです。こういうことは、どうなのでしょうか。情報が多様になっ

日米間のテロ情報交換

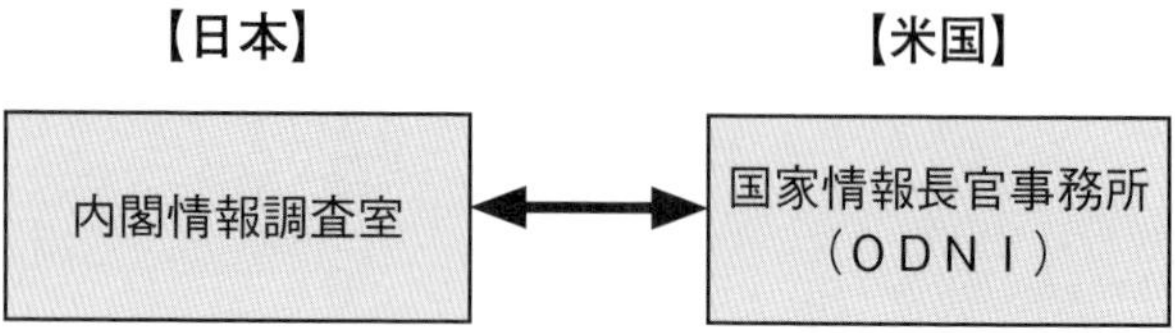

て良いことなのか。それともまとまりがなくてバラバラで、却ってリスクを高めてしまうのか。

河野　色々なところで情報を取るというのは、大事だと思います。それは外務省には外務省の人脈があるし、警察には警察の人脈がありますから、それぞれがきちっと行います。外務省に今度、国際テロ情報収集・集約ユニットと称する組織を作りました。そして警察も、そこへ人を出しています。色々なところで得た情報を、そこでまとめます。そして官邸に上げて行くという意味では、情報は複線化しているほうが良いと私は思っています。

7　再び内閣官房と内閣府を巡って…

吉川　ただ外務省内に作られた国際テロ情報収集・集約ユニットの上にというか、ちょうど警察庁の上に国家公安委員会があるように、内閣官房の中に国際テロ情報収集・集約幹事会と言うものが置かれたりしたみたいですけれども、やはり先ほど申し上げた水際対策幹事会ですとか、国際テロ対策幹事会等が、それぞれバラバラに動いています。こういうのも一括してテロ対策に関して、これは警察に任せて大丈夫だとか、むしろ外務省に任せて大丈夫だとか、そのようになるまで内閣府の方で、ある程度は面倒を見て、まとめた方が良いのではないかと、私は考えているのですが、いかがでしょうか。

テロ対策三幹事会

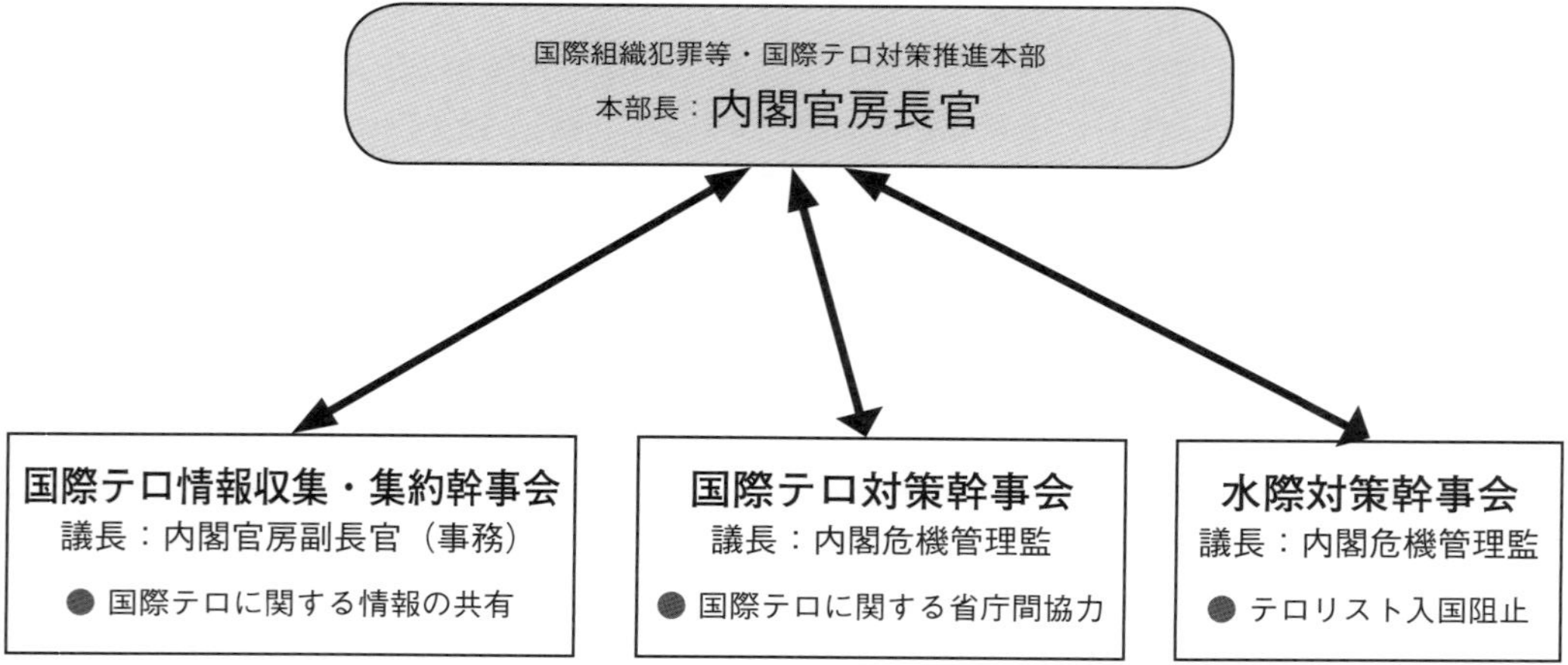
国際組織犯罪等・国際テロ対策推進本部
本部長：内閣官房長官
国際テロ情報収集・集約幹事会
議長：内閣官房副長官（事務）
● 国際テロに関する情報の共有
国際テロ対策幹事会
議長：内閣危機管理監
● 国際テロに関する省庁間協力
水際対策幹事会
議長：内閣危機管理監
● テロリスト入国阻止

河野　テロに関しては、内閣官房で行うことになっています。それは2015年3月の報告書でも、それで良いということでした。内閣官房で今行っているものは、それで良いのではないかと思います。

吉川　ではテロの問題を離れて行革大臣として、日本の行政における縦割りの弊害というのは、昔から言われていますけれども、それはどれくらい良くなったと思われますか。

河野　橋本行革で内閣府というのを作って、これが何となく肥大化して来ています。いま内閣府に大臣が5人いるのですが、なかなか手足がない。ここは一回見直しをかけなければいけないのではないかとは思っています。スリム化法はやりましたけれども、ここまで内閣府が肥大化してしまうと、国会との関係でも内閣委員会が動かないとか、そういう状況もありますので、やはり内閣府を、もう一回きちっとスリムにして、本当に何のための内閣府だったのかというのは、もう一回考えていかなければいけないと思っています。

吉川　それはテロ問題も含めて。

河野　テロ問題も含めて。まあテロは内閣官房で行っていますから。それは特に内閣府の問題と私は考えていません。

吉川　内閣官房で行うことで、問題は今のところはない筈だとお考えなのですね。ただテロ問題も含めて、横の連携を創っていくというのは、日本の行政の永遠の課題だと思うのですが。

河野　これは日本だけではなく他の国も、おそらく同じ問題を抱えているのだと思います。

吉川　米国も余り変わらないように、私も感じますね。

河野　テロのような機微な情報というのは、どのように情報を管理するかというのと、どのように情報をシェアして行くのかという、いわば相反することを、上手くやっていかなければいけないわけですから。そこは多分それぞれの国の得意なやり方というのが、きっとあるのであろうと思います。それは人材の採用にしても、その組織の動かし方についても、日本と米国と欧州では、それぞれ歴史も違います。このやり方が最適というのは、多分ないのではないかと思うのです。

8　政治の指導力の重要性

吉川　それだけでなく米国では、大統領や閣僚が変わると、大きく変わることもありますが？

河野　まあ米国は、政権が11月の大統領選挙で変わると、半年くらい重要なポストが決まらないとか、日本では考えられないことが、平気で起こるわけです。それに比べると日本は、官僚機構の継続性という観点で言えば、相当米国を凌いでいると思います。

吉川　それが縦割りの弊害にも繋がっていると言われて来たわけなので、その横の連携を創っていくには、どうしたら良いのか。

河野　まあ横串を刺すというのは、日本の政府でも毎回どういう仕組みがいいのか？——色々なことを考えながら行ってきているわけです。

吉川　安倍先生が総理になられてから、この政策は、ここに任せた方が良いのではないかという御采配は、非常にうまくやってらっしゃっているとは思います。非常に優れた政治の指導力を発揮されていらっしゃると思いますね。お役所任せではなく。

では、その安倍総理の今のお考えは、テロ問題は特に内閣府で横串を刺すというより、内閣官房で…。

河野　内閣官房で、きっちり集約をするということです。

吉川　それが現時点での安倍政権のご方針だということですね。どうも今日はお忙しいところありがとうございました。

河野　当方こそありがとうございました。

【インタビューのまとめ】

今回のインタビューは、多くの収穫があった。テロ問題等の新しい問題や政策に関する省庁間の連携に関しては、内閣府が多くの細かな仕事を引き受け過ぎたため、スリム化法等が2015年に施行され、ある政策を担当するのに相応しい省庁があれば、横の調整も内閣府ではなく、その省庁が行うようになって来ていること。内閣府は、いわば〝政策のインキュベーター〟のような役割が、今後に考えられるのではないかということ。そのためか安倍内閣がテロ対策を含む危機管理に関しては、内閣官房を重視している等は、その最も良い例だろう。

ただ政権や総理が変わったり、あるいは安倍総理が超長期政権を築いたとしても数年後に国際テロ情勢や国内の役所間の関係への認識等が変わって、やはり一回はテロ対策政策を内閣府に専門家を集めて作り直して、それから官房なり、警察なり外務省なりに戻すといったような現象が起こる可能性も、インキュベーターとしての内閣府という考え方からして、ゼロではないのではないかと私は思う。

せっかく省庁縦割りの弊害除去のために作った内閣府の活用として、インキュベーター的な新しい役割も、これから重要になるのではないだろうか。今後の展開に期待したいと思う。

コラム⑤

再び東京でサリン事件が起こったら、どうするか？

地下鉄サリン事件から20年の節目であった2015年の7月27日に、東京医科歯科大学で開催された化学テロ関係の図上訓練に、参加させて頂いた時のことを報告しよう。私は個人の資格としての参加だったが、日本全国の消防関係その他の危機管理関係者が、全部で100人近くも参加していた。実際、図上訓練の総合司会は、鳥取県のDMAT関係者だった。

想定はB区のSホールで行われていた1、800人の観衆が集っているクラシック音楽のコンサート会場で、何者かがペット・ボトルに入ったサリンを周囲に撒き、その場にいた人々の内1、000人が被災した——というものだった。

14時00分に事件が起こって第一報が消防、警察に入る。10分未満で警察がSホール周辺を封鎖。10分で最初の消防隊が到着。15分後には化学災害専門部隊の、最初の部隊が到着。それと前後して近隣の幾つかの消防署にある救助隊も到着。

化学災害専門部隊はAレベル（陽圧式化学防護服）、救助隊はBレベル（フード式化学防護服）の装備で、自らの体を覆い守っている。彼らが到着する以前の段階で、消防の指令が、Sホールの全体をホット・スポットに指定。そうすると国の推奨するマニュアルでは、Aレベルの装備を装着した隊員しか、Sホールには入れなくなる。Aレベル装備の救助隊員達が、Sホールに入って被災者の方々を救護し始めるまで20分。

だが彼らがSホールに入って動けない被災者を搬送し始める頃には、サリンを体に浴びてしまった人は、もう助かる確率が極めて低くなっている。逆に、サリンの液体自体を浴びた訳ではなく、ガスを少し吸い込んだくらいの人は、自分でSホールの外に出ている。その中間くらいの容態の人が、Sホールの廊下や、外の道路に倒れたりしている。

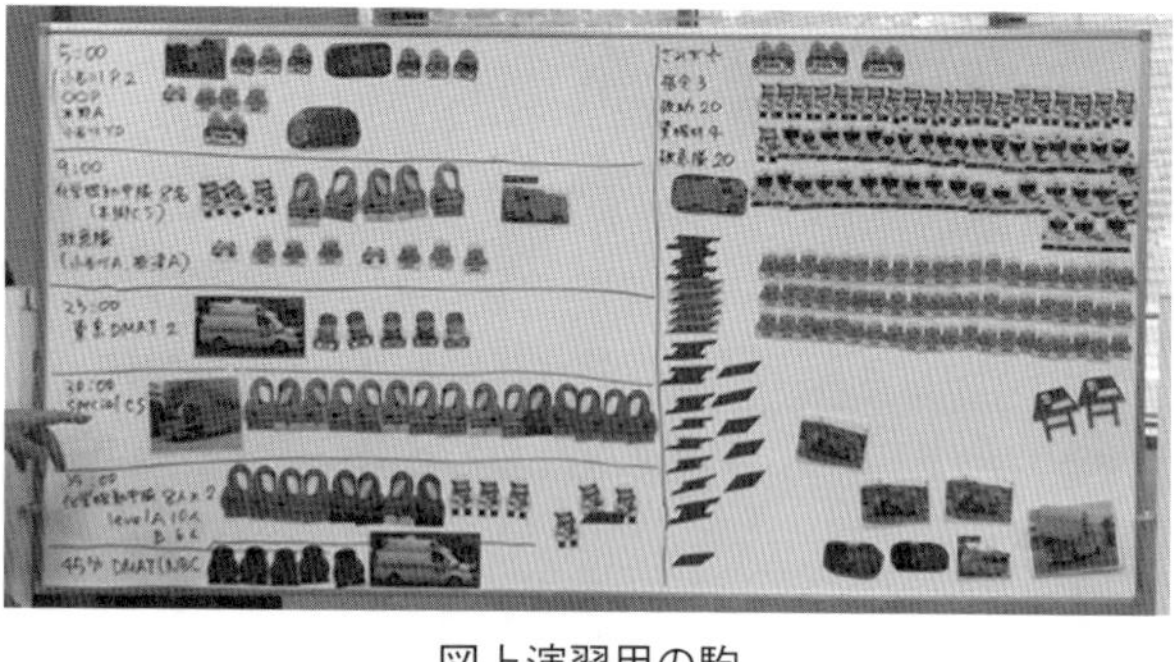

図上演習用の駒

　ここまでの想定で私は違和感を覚えた。これは警察が少なくとも積極的に消防の活動を制約しないという前提になっている。しかし警察の目から見れば、以上の消防の活動は、サリンを撒いた犯人の逃亡幇助および証拠隠滅の、手助けをしているような形になる。警察が消防の活動に何らかの制約を課して来れば、救助隊員が20分でSホールの中に入ること自体が、難しいのではないか？　実際に911や秋葉原通り魔事件の時そのような状況もあったと言われている。

　それは言わないとして、身動きの出来ない人を、まず国のマニュアルで推奨する除染者用テントに運び、そこから組み立てられた水除染装置まで運んで水除染を行うと、最初の人が水除染を受けるまで、サリンを浴びてから30分は掛かる。これではサリンを浴びた人はおろか、ガスを吸い込んで動けないくらい容態が悪くなっている人も、殆どが助からない。

　そういうことが図上訓練を行ってみたら分かった。そこでマニュアルを見直してみた。

　まずコンサート・ホールの外側の廊下等を、ホット・スポットではなく、ウオーム・スポットと考えて、Bレベルの装備を身につけた救助隊の隊員も入って、動けなくなっている被災者の搬送を行い、Aレベル装備を装着した隊員の負担を少しでも減らす。後から到着したAレベル装備の隊員も、先に入ったAレベル装備の隊員が、マニュアルで安全が推奨されている20分以上の時間が経過したので、Sホールから離れて水除染を受けている間に、代わってSホールに入るまでの間は、Sホール周辺での搬送活動を、Bレベル装備を装着した救助隊員と一緒に出来るだけ手伝う。

そのようにすることで少しでも早く多くの被災者を搬送する。それだけではない。実はサリンの液体を浴びてしまった人以外の人に関しては、ガスを吸い込んで容態が悪くなった人も含めて、実は服を脱がせるだけでも、十分な除染になることが分かっている。そこで自分で動ける人には、自分で服を脱ぐように拡声器等で呼びかけ、それが出来ない被災者は、救助隊員がハサミ等の装備で服を切り裂く。プライバシーの保護のために、ブルー・シート等の簡単なテントのようなものも直に作る。

図上演習（ホール周辺）

この人々は除染が終わったものとして、自分で動ける人はマイクロ・バスで、容態が悪い人は救急車で、病院に搬送する。水除染が必要になるサリンの液体を浴びてしまった人は、前述のように間に合わず死んでしまうので、水除染装置は救助隊員だけで使う。

ただし水除染が必要な被災者も、救助隊員が自分を守るために所持している解毒剤の自動注射器を使って解毒剤を注射すれば、水除染を受けて病院に搬送するまで、延命することは可能なのである。だが、それは今の日本の法律では傷害罪になる。医師以外の人が他人に注射する行為は、傷害罪である。

では医師資格を持った人が、ホット・スポットに入れるようにするのだろうか？　それより抜本的な法改正で、救急隊員が解毒剤の注射を被災者に出来るようにすることは、急務の筈なのである。

さらにサリンの液体を浴びていない被災者は、服を脱いだだけで十分な除染になっているという認識も、日本の全医療機関等に周知されているとは言えないのではないか？　それをしておかないと、水除染を受けていない被災者を受け入れない病院が、多く出る可能性もある。

また、このような状況に置かれた時、服を脱ぐだけで除染になり、病院に搬送してもらえるという認識を、どれくらいの日本国民が持っているのだろうか？　その場で救助隊の拡声器で呼びかけられても、戸惑って出来ない人の方が、多いのではないか？ このような知識の啓蒙も、必要不可欠だろう。

何れにしても前述のような改善案は、今あるマニュアル以上に、警察から見た場合、テロリストの逃亡幇助と証拠隠滅の手助けになる。もし警察から、何らかの制約が入ったら、どうするのか？ 警察との事前調整も、非常に重要な筈なのである。

そして更に、今回の想定は、１９９５年のサリン事件と類似した形で、サリンが撒かれるということが前提になっている。もっと大掛かりなテロで、ホールのスプリンクラー等を使って、ホール内の全員に、サリンの液体を浴びせられたら、どうするのか？

少し違う文脈だったが、ある比較的大きくない街の消防本部の人が「ウチは大都市の消防本部のような大規模な装備がありません。ですから万一サリン事件のようなことがあったら、普通の消防用ホースで、被災者の方々を水除染するしかないのではないか？——

図上演習（ホール内）

というような声が、現場の消防士から上がっています。」と言った。そうすると別の人から、「ではホール内の消火設備を使って、その場で水除染が出来ないか？」という意見も出た。

　このような今までと異なる発想が、必要とされていることは間違い無いであろう。

だが今回の図上訓練だけでも、色々な重要なことがハッキリしたように思う。救助隊員に注射の権限を与える。水除染はサリンの液体を浴びた人に限定する。その他の人は服を脱がせて直ぐに病院に搬送する。そうすると国のマニュアルで推奨されている除染者用テントは要らないことになる。それだけでも人手と時間を、より無駄なく使うことが出来る。もちろんBレベル装備の救助隊員を建物内に入れたり、後から駆け付けたAレベル装備の隊員にも、先に入ったAレベル装備の隊員の代わりにホールに入るまでの間、外での搬送も手伝ってもらう等々の改善案も同様である。

　非常に勉強になる半日だった。その分、非常な疲れも感じたが、良い勉強をした後の心地よい疲れである。参加させてくださった関係者に心から感謝し、これからも同様の機会があったら、ぜひ参加させて頂ければ幸いと思う。

インタビュー⑥

礒崎陽輔前首相補佐官

【インタビューの目的】

本書の一つの締め括りとして2016年3月1日、礒崎陽輔前首相補佐官にインタビューを行った。その目的は本書に登場する米国側でテロ対策に関係した人々が、殆どNSCないし周辺組織の関係者であり、そのNSCの日本版を作るにあたって制度設計をされたのが、礒崎氏だったからである。その他に内閣官房と内閣府を含む日本の省庁縦割りの問題は、テロ対策を含む新しい問題への対処も阻害する恐れがあり、そのような行革のプロでもあられる礒崎氏のお話を伺うことは、いろいろな意味で今後の日本の

礒崎陽輔前首相補佐官（左）と著者

政治や行政を考える上で、有意義と思われたからである。多くの方々のご参考になれば幸いと思う。

【インタビューの内容】

1　米国のNSC担当大統領補佐官のカウンター・パートナーは誰か？

吉川　まず一番最初に確認しておきたいと言うか、私がこの一連の取材を特に日本国内で行っていて少し不思議に思ったのは、礒崎先生がその地位にいらした安全保障担当の首相補佐官ではなく、谷内正太郎さんがその地位につかれた国家安全保障（NSC）局長が、米国の国家安全保障（NSC）担当大統領補佐官のカウンター・パートナー（対等の協力相手）となったことです。どうして、こういうことになったのでしょうか。

礒崎　こういうことになったと言うのではなくて、谷内さんの国家安全保障局長というのは特別職ではありますけれど、一応官僚を束ねる組織――役所の長ですよね。私は首相補佐官ですから、総理を助ける仕事をしているわけで、それはおのずから役割が違うわけなのです。その時に、それぞれのポストの人に、どういう役割を担わせるか――というのは、まさに総理の判断によることであって、それが常に固定的に決まっているわけではないと思います。だから谷内さんも外務省の事務次官のOBでもありますから、たぶん通常の国家安全保障局長より少し高度な仕事を担っていると思うのですよ。私の方は、やはり安保法制が中心の仕事だったのです。そこのところは別に、役割分担というわけでもないのですが、それぞれの仕事の中心の部分を少しずらす——それは安倍総理の判断で、そうしたのです。人が変われば、また違うやり方も当然あるのだと思います。

吉川　そうすると、総理大臣が変わったり、あるいは安倍総理の政権が超長期政権になって今後色々な状況が変わった場合とか、また今度は米国の政権交代もあることですし、米国のNSC担当大統領補佐官のカウンター・パートナーは、日本のNSC局長ではなくて、日本の安全保障担当首相補佐官になることも、考えられるでしょうか。

礒崎　なることもあるでしょうね。それは、まさにその時々の人で変わってもいいし、固定的なカウンター・パートと言うわけではないと思います。

吉川　米国の場合は、国民が選んだ政治家が選んだ方が、NSC担当大統領補佐官になる。まあ、日本でも特に内閣人事局もできたことですし、それに近いわけですが。

礒崎　ただ違いは、あくまで安全保障担当首相補佐官というのは、いま内閣法の首相補佐官という枠組みのなかで創った仕組みのものですから、サポート部局があるわけではないのです。

あくまで一人親方の仕事です。一方、米国の補佐官は、それなりの役所を持っていますからね。そこの違いはあると思います。向こうの補佐官は政治家でもあるけれど、役所の長も兼ねている。日本の補佐官というのは一人親方なものですから、役所の長ではないのです。その辺が大臣等とは違うところです。そこは各国で少し制度が違うので、まさに総理の判断で適宜、適宜の指示をして、使って行くこととなるのだと思います。

吉川　ただ米国でもNSC担当大統領補佐官は、Department のSecretary というか閣僚ではない――というだけで、ホワイトハウスの中には何百人もNSC担当大統領補佐官のスタッフがいるわけです。そういうシステムを考えると、安全保障担当の首相補佐官を内閣官房の国家安全保障局が支えるという形であっても、おかしくないと思うのですが。

礒崎　そういうことも出来ると思います。それは人によっては、そういう使い方も考えても良いのだと思います。また個別な案件ごとに、そうしても良い。それは色々と、やり方があると思うのですよ。

2　日米NSCの違い＝官僚制

吉川　そういうことも含めまして、日本のNSCの設計も礒崎先生が中心でされたと聞いておりますし、日本のＮＳＣと米国のＮＳＣ――違う部分や同じ部分について、どのようにお考えでしょうか。

礒崎　それは基本的には色々と違いがあると思います。やはり日本は議院内閣制で、向こうは大統領制ですから。ただ、やはりＮＳＣそのものは、総理大臣の強い指導力を発揮するために作ったものですから、その意味では同じだと思いますけれども。細かい機能等に関しては、具体的に聞いていただければ、と思います。

吉川　話は繰り返しになってしまいますけれども、日本の場合は議院内閣制で官僚機構が安定しているので、今後も米国のＮＳＣ担当大統領補佐官のカウンター・パートナーが、首相補佐官になるか国家安全保障局長になるかは別として、国家安全保障局長はお役人の中で出世してきて、まだ選挙に出ているわけではない人がなる。それに対して米国のＮＳＣ担当大統領補佐官ですとか、それを支えるスタッフ組織の上の方の人は、政治的に任命された人がなる。このように理解してよろしいのでしょうか。

礒崎　国家安全保障局のトップは官房長官です。内閣官房の中に国家安全保障局を置いていますから。首相補佐官というのは、これも内閣官房の中にはあるのですが、官房長官の指揮下にはなく、総理の指揮だけなのです。その違いがあるのです。

だから少し話を進めれば、首相補佐官の位置付けをどうするか？——というのが、法律を作るときは最大の議論になりました。かつて官房長官と首相補佐官が、権限で対立したということもあったものですからね。やはり補佐官にきちんと権限を与えたほうが良いという意見もありましたし、補佐官に権限を与えると内閣の統一性がとれなくなるという意見と、両方あっ

国家安全保障局と国家安全保障担当首相補佐官の関係

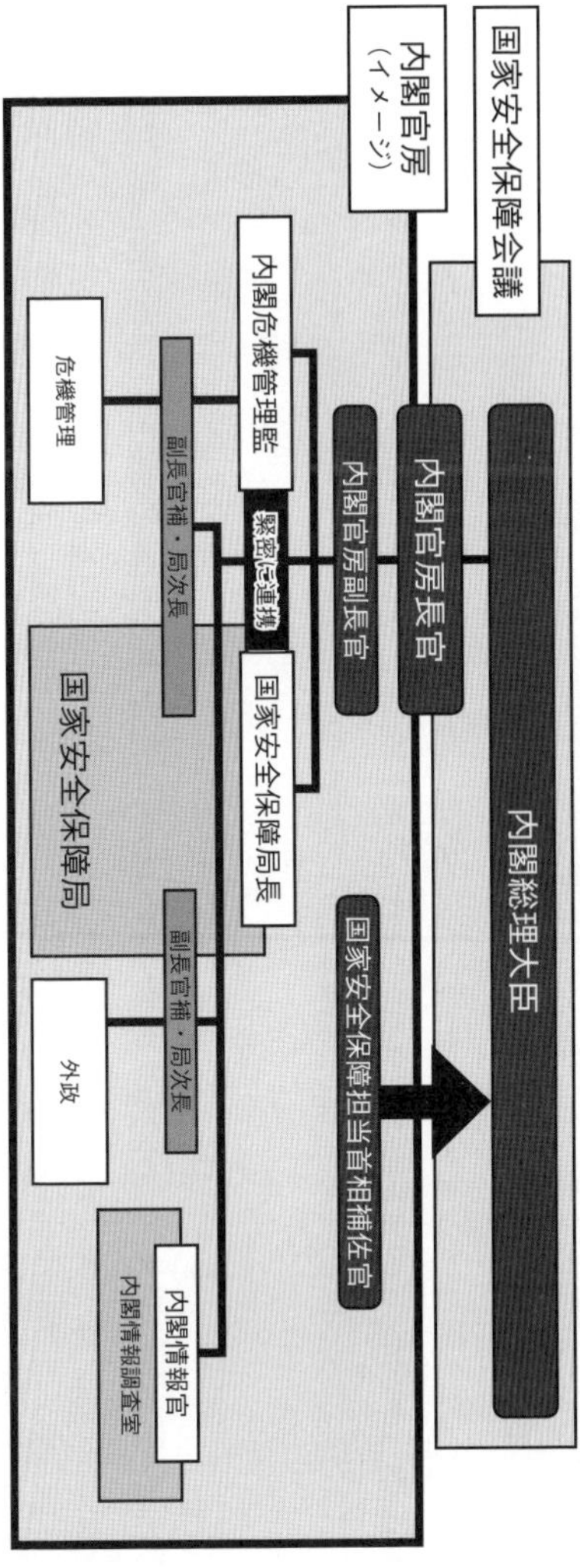

たのです。むしろ、そこが最後の調整で、一番苦労したところなのです。

我々が考えたのは、国家安全保障担当首相補佐官というポストを常設する。常設するけれども、権限は従来の首相補佐官の権限の範囲内とする。私が考えた案なのですが、それで両方の意見が、なんとか収まったのです。そういう色々な矛盾も最初からはらんで、大議論した結果そうなったということです。

吉川　ただ、やはり私が今の内閣官房の限界と思っておりますのは、先生も長くお役所にはいらっしゃいましたけれども、日本のお役所には素晴らしいところも沢山あるけれども、やはりセクショナリズムというか、縦割りの組織で、自分の組織のルーティンの中で物を考えて、書類をつくって、上へあげていく。皆さん、優秀な方が、素晴らしい整った書類をあげていく。それが内閣官房に集まって、国民が選んだ政治家の方々が決済する。でも、では国民が選んだ政治家の方が、そういう縦の組織のルーティンと違う角度から政策とか、それに基づいてお役人の組織を調整するというようなことに、ちょっと縦割りの組織の代表者が集まっている内閣官房では、限界があるのではないかと私は思っているのですが、どのようにお考えでしょうか。

礒崎　国家安全保障局長は、役人そのものではないのです。国家安全保障局長と、内閣危機管理監は、特別職であり、役所の肩書きのない人を置いているわけですから。二人ともよくやっているとは思いますよ。

吉川　はい。私も、そう思います。

礒崎　だから、そこは人にもよるのです。特別職だから、その使い方は、まさに総理の時々の判断で、今の谷内さんは外務次官の時からスーパー官僚だった。「空飛ぶ外務次官」と言われていました。相当力を持っている人で、せっかくそういう人がいるわけですから、それを存分に使うのはいいと思います。

吉川　ただ、やはり日本の官僚機構の安定性ですとか、官僚機構の在り方を考えると、国家安全保障局長や内閣危機管理監に、役所にいたことがない民間の危機管理専門家のような人を連れて来たり、あるいは選挙で選ばれた政治家が、その地位に就くのは難しいのではないですか。

礒崎　政治家は法制的に難しいところがありますけれども、必ずしも官僚でなくてもいい場合もあるかもしれませんが、非常に難しいでしょうね。やはりいずれのポストとも役所をコントロールしてもらうことを期待されていますから、役所のＯＢでない人が担当したら、なかなか沢山の役所をコントロールするのは、非常に難しいと思います。

3　内閣官房の本質と限界の変化

吉川　日本のお役所は、本当に素晴らしい優秀な方が集まって、きちっとした仕事を行われていて、それをマネジメントするのには、やはり相当の経験と知識がないと出来ないわけですね。でも、その結果として、先ほどから私が申し上げているように、随分前から縦割りのセクショナリズムでお役所同士が、どれくらい協力できているのか？——ということは言われています。実際は日米共にあまり変わらないような感じも私は受けているのですが。

私が、こういう問題に興味を持ったのは、およそ15年前の省庁再編で、内閣府ができて、縦割りのお役所の代表者が集まっている内閣官房よりも、内閣府の方で横から、いわゆる横串を刺すというか、色々なお役所を調整する。それが国家の安全保障や地震やテロへの対策、経済問題も含めて、確かに非常に上手く動けば機能的になるのではないかと考えて、ずっと関心を持って勉強してきたのです。

礒崎　内閣官房の力は、古くは後藤田正晴さんが官房長官に着いた頃から、強まってきたのですよね。法制的には、私が国民保護法を作る時に内閣参事官をやっていましたけど、この法律は、初めて内閣官房が主体で作った法律なのです。それ以前は内閣官房は、仮に法律があっても、殆どホチキスでとめるようなものしかなかったのです。まさに内閣官房が中心になって法律を作って、もちろん色々な省庁から出向してきてもらって進めたのですけれども、その頃から内閣の統合能力は、かなり強まってきたのです。

ただ、そうは言うものの、やはり日本の場合は各省が強い。これは戦前からです。ただ外交、防衛の分野——安全保障の分野は、それではいけない。総理の下に情報が集まって、総理から的確な指示がおろせるように——という目標で作ったのが、まさにNSCなのです。昔から安全保障会議はあったけれども、それは極めて形骸化していたから、随時総理から指示をおろせるような仕組みとして、NSCを作ったということで、少なくともその分野では、国の最高責任者である総理の意向が、完徹するようになったと思います。

吉川　ただ日本の場合は、地震や水害などの自然災害への対応がメインですけれども、他に北朝鮮のミサイル発射など、色々な問題があって、NSCよりも内閣危機管理監室の方が、歴史的には長くあるのですよね。この内閣危機管理監室は、どれくらいお役所間を調整して、国民を守るためにうまくやってこられたとか、ここは問題だったとか。この点について、どのようにお考えでしょうか。

礒崎　その前に二つの違いを言っておきますけれども、内閣危機管理監は、現実に起こっている危機に対して対処する仕事です。国家安全保障局は、長期的な戦略をつくる所ですから、現実の事態に直ぐ対処するわけではありません。安全保障会議に緊急事態大臣会合というのをつくって、初動の初動は行えるようにはしていますけれども。

そこは機能的に現在と将来というところで、基本的に役割分担をしてますから、そこは理解してほしいと思います。

内閣危機管理監の下にも色々な会議があって、それもかなり頻繁に会議が行われています。まさに自然災害とかの場合は、もうマニュアルが全部出来ています。非常に早い対応が出来ていると思います。下の方の部局は、安全保障と危機管理を兼ねているところがありますので、それがかえってうまくいっているのではないでしょうか。

吉川 そうですね。米国の場合はNSCが先にあって、911のあとに国土安全保障会議（HSC）という、テロ対策だけではなくて、地震やハリケーンの時も、ここが大統領に色々とアドバイスをしたり、そのHSCのあとに作られた国土安全保障省（DHS）の様子を見たりしています。米国では、NSCの後にHSCが出来た。日本では先に内閣危機管理監室が阪神・淡路大震災の後にできて、その後にNSCができた。

礒崎 そこの調整も私が、法律を作る時に苦労したところの一つなのです。やはり初動の初動を取り仕切る必要がありうるのではないかということで、NSCがいつも行っている四大臣会合と、昔の国防会議の流れを組む九大臣会合と、もう一つが緊急事態において初動の初動を担当する緊急事態大臣会合等を作ったのです。幸いなことに、これまで多分、一回も開いたことはないはずですけど。

何かの大災害が起こり、まず何が起きたか分からない緊急な場合は、やはりＮＳＣを開くと

ＮＳＣ関係大臣会合の種類

四大臣会合（新規）
（総理、官房長官、外相、防衛大臣）

◆国家安全保障に関する外交・防衛政策の司令塔

- ●平素から機動的・定例的に開催し、実質的に審議
- ●中長期的な国家安全保障戦略の策定を含め、基本的な方向性を定める

九大臣会合
（総理、副総理、官房長官、総務大臣、外務大臣、財務大臣、経産大臣、国交大臣、防衛大臣、国家公安委員会委員長）

◆「安保会議」の文民統制機能維持

- ●国防の基本方針、防衛大綱、武力攻撃事態への対処等、国防に関する重要事項を審議
- ●総合的・多角的観点から審議

緊急事態大臣会合（新規）
（総理、官房長官、あらかじめ内閣総理大臣により指定された国務大臣）

◆「緊急事態への対処強化

- ●重大緊急事案等に関し、高度に政治的な判断を求められる重要事項等について審議
- ●事態対処につき、迅速・適切な対処に必要な処置を総理に建議

※議長（総理）の判断により、その他の国務大臣を、必要に応じて会議に出席させることができる。
※緊急時等やむを得ない場合においては、副大臣に職務代行させることで、柔軟な対応を可能にする。

いう仕組みにしました。内閣危機管理監側の人が抵抗するかと思いましたが、余り抵抗もなくて、そういう話ならいいのではないかということでした。そこで初動の初動はNSCで出来るようにしたんですね。だから、とても良かったと思いますよ。ただ実例がまだないのです。そういう事案がない方が良いのだけれども、実態を見てから、また色々と会議の仕組みについて議論するのがいいと思います。

4 NSCと危機管理

吉川 その初動の初動というのは、どういうことを想定されてらっしゃるのですか。

礒崎 結局、災害だったら災害対策本部ができますし、原子力災害は原子力災害対策本部ができます。武力攻撃事態だったら武力攻撃事態対処本部等々——色々と本部が出来るのですよね。NSCは、その立ち上げをするかどうかということを、議論をするところになるのだと思いますね。

吉川 ただNSCであれば、やはりそれは海外で起こった出来事に対して、例えば海外での大規模テロや邦人の人質事件など。

礒崎 緊急事態は、そういう制限はないですから。国内事態でも、いま言ったように緊急事態の、初動の初動を行う仕組みにしていますから。

吉川　逆に日本国内だとしても、地震やテロで甚大な被害が起きた時——東日本大震災の時にも問題になりましたけれども、どのように在日米軍と協力するかや、他にも駆けつけてくれたオーストラリアの軍隊等との協力をどのようにするかどうか。それもＮＳＣの担当なのではないでしょうか。

礒崎　だから、それは災害対策本部が立ち上がるまでの話なのです。立ち上がったら、そこに権限が移行するわけです。初動の初動というのは、そういう意味です。ごく初期に全体の指示をするためにＮＳＣを開くのです。

　初期には、どの法律の枠組みでやるか、分からないときがよくあるわけです。そこを権限がないところで議論するのではなくて、やはりＮＳＣを開いて、そこで議論をする。そして、どの法律の枠組みで、どの組織で対処するかを、そこで決める。それが立ち上がれば基本的に、そちらに権限を移行する。そういう仕掛けを作ったのです。

吉川　そうすると日本国内で起こったことであっても、在日米軍と協力する、駆けつけてきてくれたオーストラリア軍と協力する——そういうことだけではなくて…。

礒崎　そういうのは本部が出来てからだと思います。まあ緊急の連絡をすることくらいはあるかもしれません。とにかく事件が起きた時には、事態の全容を掌握出来ているわけではありません。何が起きているか分からない事態というのは沢山あるわけで、かつ国家安全保障上の重要問題がある時は、緊急大臣会合を開くという仕組みです。

吉川 国内だとしても、その緊急大臣会合は、内閣危機管理監室ではなくて、NSCで行われるのでしょうか。

礒崎 最初はですね。もちろん今は、NSCの会議にも、内閣危機管理監を入れています。

吉川 それは米国でも、HSCは最初NSCから分かれたような感じで、第一期ブッシュ政権の時にはサポート組織が同じで、オバマさんが大統領になってから行革というか、オバマさんがテロ対策などに熱心じゃなかったこともあって、サポート組織を同じにしたようですけれども。第二期ブッシュ政権の時には、やはりNSCとHSCとは業務内容が違うから、違うサポート組織を設けました。その時に次長を同じ人が兼任したりすることで、連携を図れるようにしました。

礒崎 それは今の日本もよく似ています。米国を見て作ったわけではないのですが。日本でも、一人が両方の次長を兼務していますね。

吉川 高見沢將林さんですね。

礒崎 余り管理職を沢山は作れないという理由もあったのですが。結果的には良かったと思っています。

吉川　第二期ブッシュ政権でHSC担当大統領補佐官だったタウンゼントさんのインタビューをしたのですけれども、やはり自分がテロ対策担当のNSCの次長のままでHSC担当の大統領補佐官になって、NSC担当大統領補佐官とお互いに協力し合って、これで非常にうまくいったとおっしゃっていました。タウンゼントさんも優秀な人ですけれども、高見沢さんも超優秀な方ですから。

礒崎　両方の兼務は、大変なのですが、大変良くやっていただいています。

5　企画部門と実施部門の分離

吉川　米国の場合はNSCとHSC、日本の場合はNSCと内閣危機管理監室があって、米国の場合にはホワイトハウスの中にあり、日本の場合は内閣官房の中にあります。でも米国の場合、中央集権が行き過ぎてかえって困っています。日本の場合は分権というか、さっきから私がこだわっているように、お役所がそれぞれのルーティンの中で動いています。それを横からまとめるということを考えるということが一つ。

もう一つ。私はマイケル・グリーン先生やタウンゼントさん、国家情報長官だったネグロポンテさんにインタビューをさせて頂いたのですが、皆さんが口をそろえておっしゃったのが、実際にお役所で政策を実行している人と、国民が選んだ政治家と協力をして情報を集めて企画を作って、国民が選んだ政治家が政策を決めて、それをお役所に実行してもらう――そういう企画部門と実行部門を、明白に分けなければいけないということでした。

礒崎　そういうことでしょうね。はい。

吉川　このことについて、ＮＳＣや内閣危機管理監室が、官房の中にあることで、出来ていると先生は認識されていますか。

礒崎　政策立案が完全に出来ているかどうかというのは、少し検証してみなければいけないのですが、少なくとも内閣において政策が共有されているということは、言えるのではないでしょうか。それがどこまで役所ベースで行っているのか、役所から離れてＮＳＣだけで行っているのか、私もそこは中は入っていないのでよく見えていません。おそらく役所の影響は、あるとは思うのですが。

ただ少なくとも情報の共有はできています。国家安全保障局という一つの仕組みの中で。外務省と防衛省が別々になっているのではなく、一つのものを作って総理に上げなければなりません。それについて総理から指示を得なければいけません。こういう仕掛けは、きちんと出来ているのではないかと思います。それが、どれだけ内閣官房で決定し、どれだけ各省が影響を及ぼしているのかというのは、もう少し検証してみる必要はあるかもしれませんが、そういう情報共有が出来たことで、昔から比べれば格段の進歩になっていると思います。

吉川　私も同意見なのですが、共有であって専門的な縦の組織の方々のアイデアとは、別のアイデアとか企画を出すということを考えると、縦の組織の代表の方が集まっている内閣官房ではなくて、やはり橋本行革の時に作られた内閣府というものを、もっと活用したほうがいいのではないかというのが、私の考えなのですが。

礒崎　ちょっと内閣官房に多くの組織を入れ過ぎているというところはありますが、内閣府で扱うのはあくまで各論的な話なのです。特定の事項については内閣府を使うのですが、やはり内閣全体に関わる話は、内閣官房で行うというのは、基本的な仕組みだと思います。

　国家安全保障局を作るのにあたって、基本的に、各省から当然来てはもらいますけれども、昔は座布団と言って、各省の定数を持って来ていたのだけれども、それは絶対に駄目だと私は言ったのです。全部定数をつけろ、と。そうしないと親元ばかり見ている話になるから、少なくとも定数上は全部内閣官房の定数にして、組織を作るよう各省にも言いました。総務省の――まだ当時は人事が総務省でしたから――総務省の方にも、そういう指示をして、全部定数をつけました。

内閣府は逆に、まだ各省から定数を持ち寄って、仕事が終わったら定数を持ち帰るという仕組みで動いています。だから全省庁に絡む話は、内閣官房でいいのだと思います。特定の話は内閣府でいいと思います。

吉川　ですから特定の政策——例えば防災ですとか、そういうのを内閣府で企画して各省庁に横から調整してアドバイスを行う。やはり内閣官房というのは国民の選んだ政治家の方々を支えていただいて、その国民に選ばれた政治家の方々が、国民に選ばれた責任で何かを実行していく。それを助けてくださるのが内閣官房だと思います。

それに対して平時から、こういうことが起きたら、こうしたらいいのではないかという企画立案をしたり、それに基づいて平時にお役所同士の横の連携を作ったりする。そのために内閣府というものが橋本行革で作られたわけですから。もう少し内閣府を、これから充実させていった方が、いいのではないかと思うのですが。

礒崎　それはおっしゃるとおりかもしれませんね。ただ内閣府自体も、かなり肥大化してしまったものだから、特定の事項については、各省大臣が自ら調整も出来るような内閣法の改正をしたのです。私も強く言っていたのです。全部内閣に持ってきて行うのでは大変だから、ある程度各省大臣も調整権を持てるようにしないと。各省に任せられるものは任せて、内閣府は更に重点的に充実させようと。だから内閣官房が行っているものでも、全省庁が絡まないようなものは、今からでも内閣府に任せていくものもあると思います。

6　内閣府の充実

吉川　どこのお役所が中心になって行うべき政策かということが、ハッキリしないような新しい政策は内閣府が任されて、だんだん軌道に乗っていくにしたがって、この政策は、この特定のお役所に任せたほうが上手くいくものは、内閣府からそちらへ移管するのでしょうか？

礒崎　基本的には内閣官房は、業務を行わないことになっているのですよ。仕事は内閣府以下で行います。ただ国民保護法を作った時に内閣官房の業務が出来てきて、あの時は法制局と大喧嘩をしたのです。内閣官房が業務を行うのは、おかしいという話があったのです。今は、内閣官房も仕事が増えてきましたけれどもね。本当の中枢機能だけの内閣官房が、当時は考えられていたのです。

吉川　それと最近では内閣官房と内閣府も一体化というか、同じ人が両方の役職を兼務していることも少なくないですね。

礒崎　二枚看板の人が多いのです。

吉川　ですよね。私は、それも間違ったことだとは思っていません。ただ先ほどから私がこだわっているように、米国でマイケル・グリーン先生などがおっしゃったように、企画部門と実施部門の分離の重要性。やはり企画部門としての内閣府というのは、これからもっと充実させていっていいのではないかと思うのですが。

礒崎　まあ、そうですよね。もう一回、企画部門と実施部門を、少し引き離しをしなければいけないでしょう。実施部門のところを、各省に持っていくことを考えないと、そこはうまくいかないでしょう。

吉川　昨年の内閣府スリム化法その他で、どこの役所が担当するかがハッキリした問題に関しては、そこのお役所が他の省庁を調整するようにしたのですよね。

礒崎　そうでしょうね。

内閣官房と内閣府の一体化

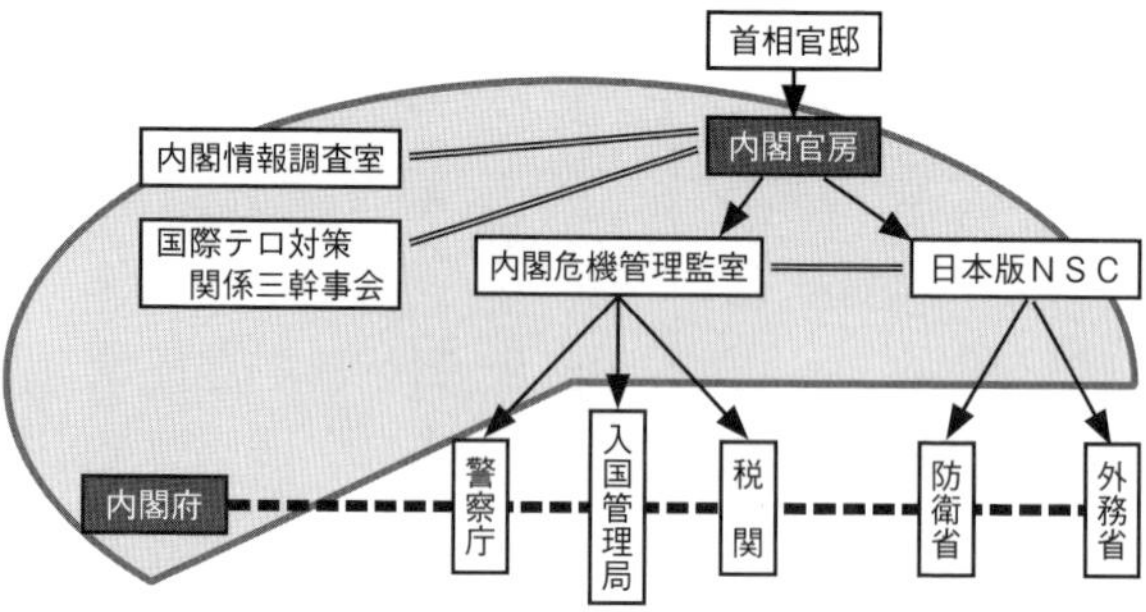

吉川　そうすると内閣府は、むしろこれから企画部門に特化して…。

礒崎　そうだと思います。

吉川　そういう意味でも、内閣府で人材を育てる。先ほど先生がおっしゃったように、内閣府に他のお役所から来た専門家の方は、もう基本的には帰らないで、内閣府で頑張ってもらう。あるいは既にありますけれども、部分的にも米国型の政治任命で、民間の専門家を内閣府のお役人にする——そういうことが今後は、もっとあってもいいのではないでしょうか。

礒崎　そういうことが、より出来るようにするために、内閣官房には人事局を作ったのです。

吉川　そうですね、ええ。

礒崎　単なる交流ではなくて、そういう中枢人事は内閣で行って、そういう専門家を育てていこうというのが、一つあると思います。

吉川　これから内閣府の充実が、どれくらい出来ると思いますか。

礒崎　なかなか難しいのではないでしょうか。先ほども言ったように、むしろ肥大化の方を問題にされている意見もありますからね。

吉川　肥大化というか、余りに細かい業務を、引き受けすぎてしまったのですよね。

礒崎　そこの整理をしつつ、内閣府の特命担当大臣が、少し多すぎるのではないかという意見もあるので、それは少し整理して、重点化を図っていきます。もちろん一つ格上の役所という位置付けで作ったわけですから、それなりの充実を図っていくべきだと思いますね。

吉川　国家安全保障政策や災害対策。災害対策は、もう内閣府が行っていますが、テロ対策のような新しい長期的な政策の立案も、先ほどから私が言っているような理由で、官房にあるＮＳＣや内閣危機管理監室よりも、もっと内閣府で行ってもらった方が、いいのではないかと私は思っているのですが。

礒崎　一部に昔から危機管理庁を作れという意見もあります。今のＮＳＣそのものは昔の国防会議以来、内閣の中枢機関としておいているわけですから、やはり事の重要性を考えれば、こ

日本の危機管理の現実

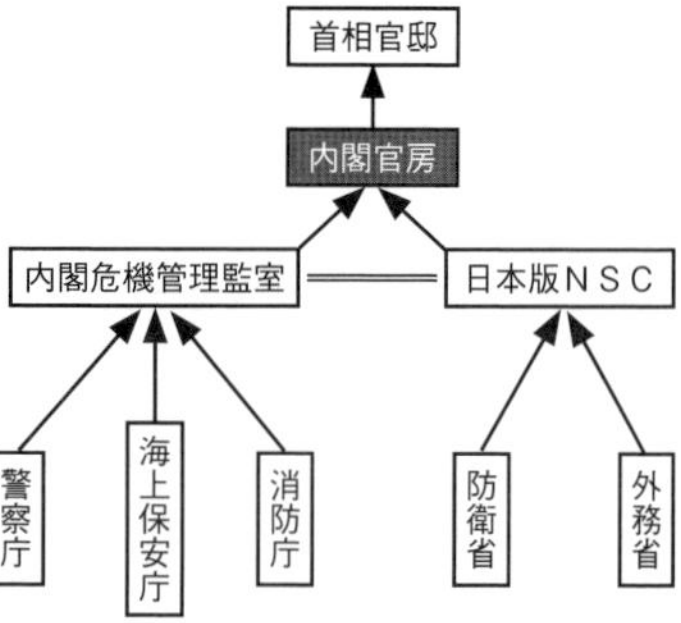

省庁内部の決定に政治家が影響されて縦割りの弊害が発生

れは内閣にあった方がいいと思うのです。また色々な安全保障に関する調整機能が、内閣官房と内閣府に二つに分けても、なかなか現実的には難しいのだと思います。

吉川　では日本の場合、米国とは政治システムも違うし、企画部門と実施部門を、例えば官房と内閣府とを分けてしまうというのは、そんなに簡単ではないということですね？

礒崎　今のＮＳＣ自体には、実施部門はありませんから。

吉川　でも実施部門の代表者が集まっているわけですよね。

礒崎　安全保障は、総理に近い所で行ったほうがいいと思います。

吉川　実際には私も見ていて、米国のＮＳＣと

筆者の考える日本の危機管理の理想

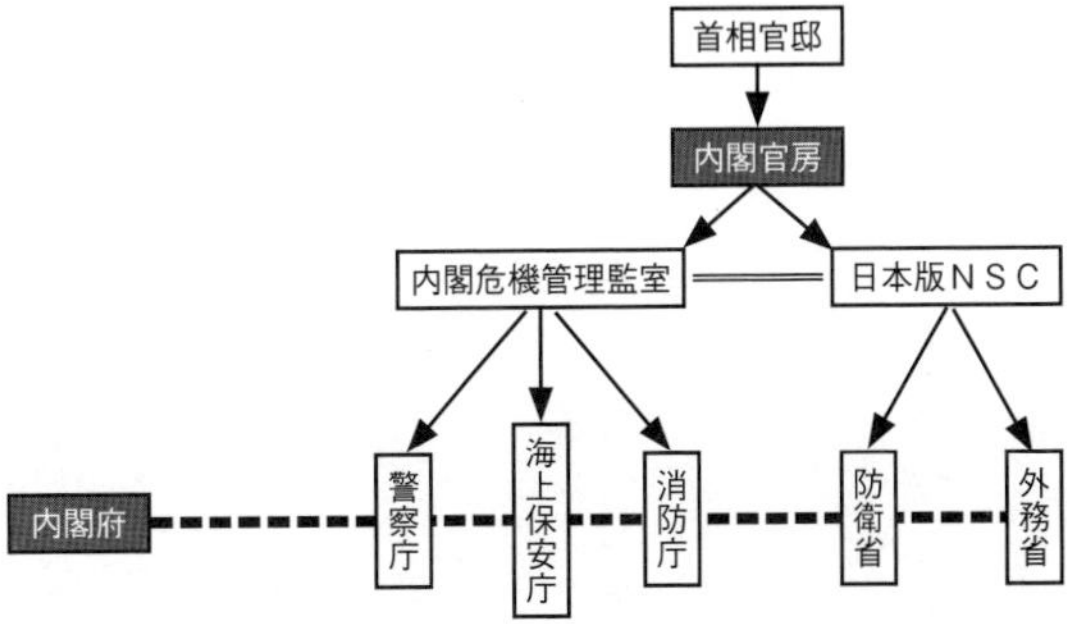

政治家の上からの指導と内閣府の横からの調整による省庁縦割りの弊害の除去

かＨＳＣも、企画部門と実施部門が、そんなにピシッと分かれていないのかな――と思うこともあります。だから同じことなのかもしれませんけれど。でも日本の場合は、やはり今まで役所のセクショナリズムが問題になっていて、15年前に内閣府が出来たと考えると、企画部門――特に、どこのお役所が担当するのかハッキリしてないような政策や企画の立案や、それに基づいた横の調整は、やはり内閣府がやった方が、良いのではないかと思います。

礒崎　なるほど。

7　日本のテロ対策政策

吉川　私は、そういう危機管理庁の問題について、過去数年ずっと取材してきました。たまたま取材を始めた直後に、東日本大震災が起きたので、それに関係して二冊の本を書かせて頂きました。

私は元々、安全保障を勉強していて、特に911の後は、テロ対策に関心を持ってきました。日本人もテロの被害に遭うなど、世界的にテロが、ますます拡大しています。それで今まで準備して来た日米のＮＳＣや危機管理庁の比較という内容の本を出すにあたって、それだけではなくテロ対策に話を絞って是非やりたいと考えました。

テロ対策というのは、それこそ全てのお役所に関係して来ます。しかも比較的日本にとっては新しい問題で、内閣府の方に、そういう担当部署を作る。しかも行革に逆行しないように、今までも色々な防衛省とか警察庁とか場合によっては消防庁とか国土交通省それから税関、入管――そういうところで、ある程度専門的に関わってきた人を、例えば内閣府に集めるのも、一つの考え方だと思うのですが、いかがでしょう。

礒崎　もちろんありうると思うのですけれど。テロ対策も大きく二つに分かれています。一つはやはり情報、もう一つはやはりまさに予防、防止ですね。それが、かなり違います。

最近、外務省の中で作った組織は、情報の方です。海外情報が日本は非常に手薄なのです。そこを何とかしなくてはなりません。これは町村信孝先生が自民党の中でPTを作っていまして、将来的には対外情報を収約するエージェンシーが一つできたらいいのではないかという発想で進めています。これは内閣官房に置くか内閣府に置くかまでは議論していませんけれども。そういう話が一つあります。

もう一つは予防系の話があって、これは国民保護法を作るときに、最初は武力攻撃事態だけだったのですけれども、あとから大規模テロも、この国民保護法の対象にするということにしました。この仕事は、危機管理監の仕事の中で、すなわち内閣官房の中で関係省庁が集まって、ある程度きちんと処理する体系が、出来上がっていると思います。

吉川　国際テロ対策幹事会や水際対策幹事会など、頑張ってはくださっていると思うのですが、やはり先ほどから私が申し上げているように、縦の組織の代表者が集まっているだけだと、結局米国でも最初はホワイトハウスの中にＨＳＣを作って、ブッシュ大統領はそれで十分と思っていたようですけれども、それだと例えば仲が悪かった税関と入管が情報共有をしてくれないので、国土安全保障省（ＤＨＳ）を作って、その下に税関・国境警備局（Customs and Border Protection：ＣＢＰ）を作って、税関と入管を一つにしました。そういうことが米国では必要になったのですけれども、日本でも同じような組織が、必要ではないでしょうか。

礒崎　公安機関間の情報の共有は、かなり行われているけれども、公安機関同士を一本にするというのは、なかなか難しいです。色々な機関があって、それぞれの仕事をしてもらわなければなりません。やはり、それは内閣危機管理監のところでまとめるのが、今のやり方かなと思っています。さっき言った情報の方は、もう少し進化したものを、考えなければいけないと思っておりますけれども、実施部門の方をまとめるというのは、結構難しいでしょう。

吉川　そうすると税関と入管の情報共有をしてもらうような、何かの部局をわざわざ内閣府に作ったりすることは、必要ではないとお考えでしょうか。

礒崎　部局はいらないと思います。例えば公安調査庁というのが法務省にあり、警察庁というのもあるけれど、昔は全然情報の連携も何もなかっのです。でも最近は、そういう情報については、連携させています。そういうことを、きちんと出来るようにするということが、大事なのです。いま言った情報の方も含めてです。海外情報を取って国内情報も取って、それが公安関係機関で共有できる仕組みをできれば良いのです。実施機関そのものをまとめても、なかなか難しいところがあるのではと思うのです。

吉川　逆に、まとめてしまうと多様な情報が集まりませんからね。ただ、そのまとめ役として例えば今までの内閣情報調査室が、どれくらい機能してきたと先生は考えてらっしゃいますか。

礒崎　警察は警察、公安調査庁は公安調査庁、防衛は防衛で独自にやっていますからね。もちろん内閣情報調査室でとりまとめはしていますけれども。それが、どれほど有機的に活用されているかというのは、検証してみないとわかりませんが。情報共有は結構行っているのです。だから、それをうまく有機的に行うということが、必要だと思うのです

吉川　有機的に使うために、内閣情報調査室が、今までどれくらい機能してきたのでしょうか。

礒崎　それはなかなか具体例で議論しなくてはいけないと思いますけれど。とにかく最近は、情報共有をしています。昔は全然していなかったのですが。

吉川　ただ、それが内閣情報調査室なり内閣官房なりが、きちっとまとめているというよりは、もうお役所同士が直接やりとりしているような感じを、私は取材して受けたのですが。

礒崎　結局公安情報というのは、機微な情報の中でも機微なものですからね、あまり多くの人の目の前にさらすわけには、いかないですからね。

8　日本の情報組織の諸問題

吉川　でもそうすると逆に、国民が選んだ政治家の人が、この情報はどうなっているのだろう？——というのが見えない。お役人の中だけで回っているということにならないのでしょうか。

礒崎　トップには情報は、きちんと入っています。

吉川　各省大臣などでしょうか。

礒崎　はい。そして総理や官房長官にも、情報は入っていますから。

吉川　ただ、それは個人ベースというと変ですけれども、官房という組織でまとめているのとは、違うのではないでしょうか。

礒崎　それは内閣官房調査室がある程度まとめて、あるいは公安調査庁長官らと一緒に毎週2回か3回、総理にレクチャーしていますから。だから一緒に行わせていますよ。同席させて。

吉川　なるほど。米国でも911でCIAと軍情報部が、昔から仲悪くて情報共有していなくて、それで未然に防げませんでした。またイラクの大量破壊兵器が、あると情報を得たところにはありませんでした。このような問題を解決するために、国家情報長官という新しい職が作られて、CIAも軍情報部もFBIも、国家情報長官が取り仕切るというか調整する。特にテロ問題に関しては、この国家情報長官事務所の下にある国家テロ対策センターに、各組織から情報が集まって、国家情報長官が、それを大統領にブリーフィングする。もちろんテロ以外の色々な国際情報についてもCIA、軍情報部その他の米国の情報機関、国内だけだったらFBIも、それらからの情報が、国家情報長官のもとに集まってきて、毎朝それこそ大統領にブリーフィングしている。最初のうちは、やはり引き継ぎも兼ねて、これは初代国家情報長官であったネグロポンテさんに私は長時間のインタビューをしたのですが、その役割を前に果たしていたCIA長官と国家情報長官の自分と、二人で行っていたというような話もありました。

礒崎　基本は今言ったように内閣情報官が中心に行っていますから。そこは整理はしているのです。さっき言ったように日本の場合は、海外情報が非常に希薄なものだから、そこのところの強化を図っていくことは、考えていかなければいけないです。

吉川　ただ、これは勿論ネグロポンテさんがそうおっしゃったわけではなくて、私がワシントンで色々取材して感じたことなのですが、やはり米国側から見て日本も内閣官房、内閣情報調査室というのは、先ほどから私もこだわっているように、縦のお役所の代表者の集まりだから、集まっている人同士の連携がどうなのか疑問を持たれています。国家情報長官事務所のカウンター・パートナーは内閣情報調査室だから、国家情報長官事務所から国家テロ対策センターからあがってきたテロ情報を、内閣情報調査室に送ることはしてくれているみたいですけれども。それがちゃんと下におりているのかなという疑問を、持たれているようでした。

礒崎　それは具体例は言えないのですが、結構情報は伝わっていますよ。日本も情報の共有は、そんなに悪くないです。

米国のテロ対策関連組織

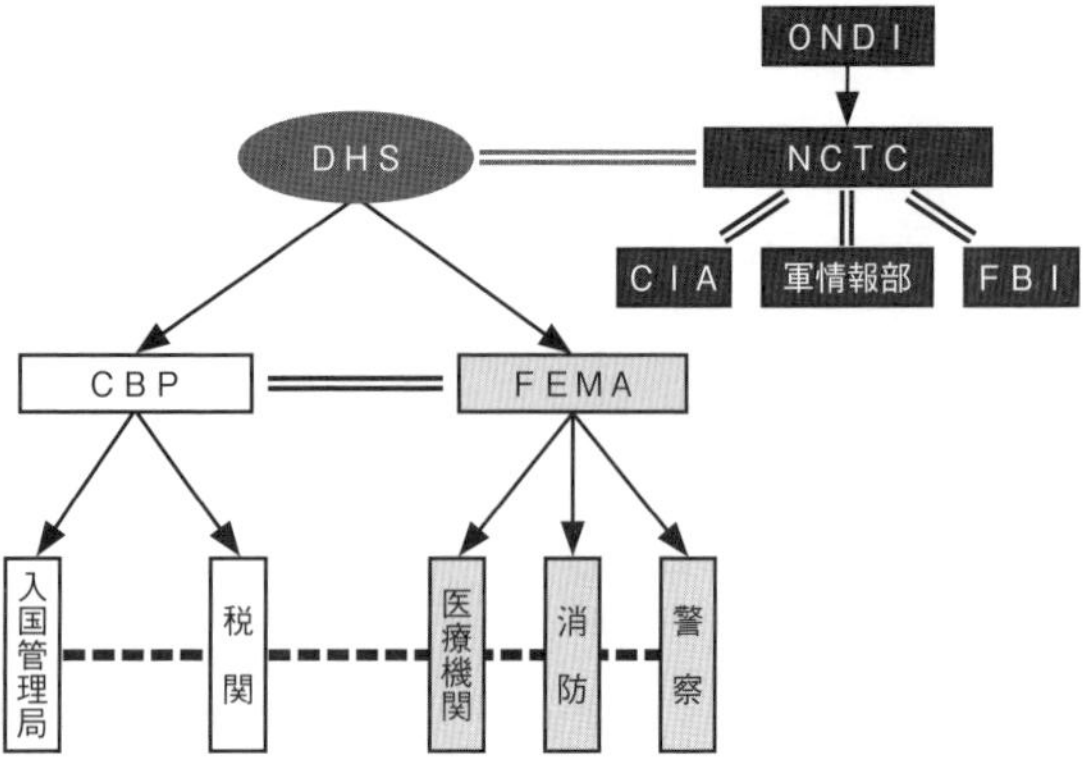

吉川　私がワシントンで取材した限りでは、例えば警察庁でも公安調査庁でも防衛省の調査部でも、それぞれＦＢＩやＣＩＡ、米国の軍情報部など、あと日本の税関、入管もＣＢＰなどと色々な人事交流があるのですよね。最近内閣府の防災担当も、ＦＥＭＡと始めました。そういう個人ベースでの情報交換の方が、組織的な公なものよりもリライアビリティ（信頼度）があるのではないかという、そんな話をワシントンで聞いているのですが。

礒崎　それは個々具体的には色々なことがあるでしょうけれども、組織としてまとまっていますよ。情報の共有という面では。

　昔は情報の共有が、全くなかったのですよ。それは今、やはりＮＳＣを作ったことが相当刺

日本のテロ対策関連組織

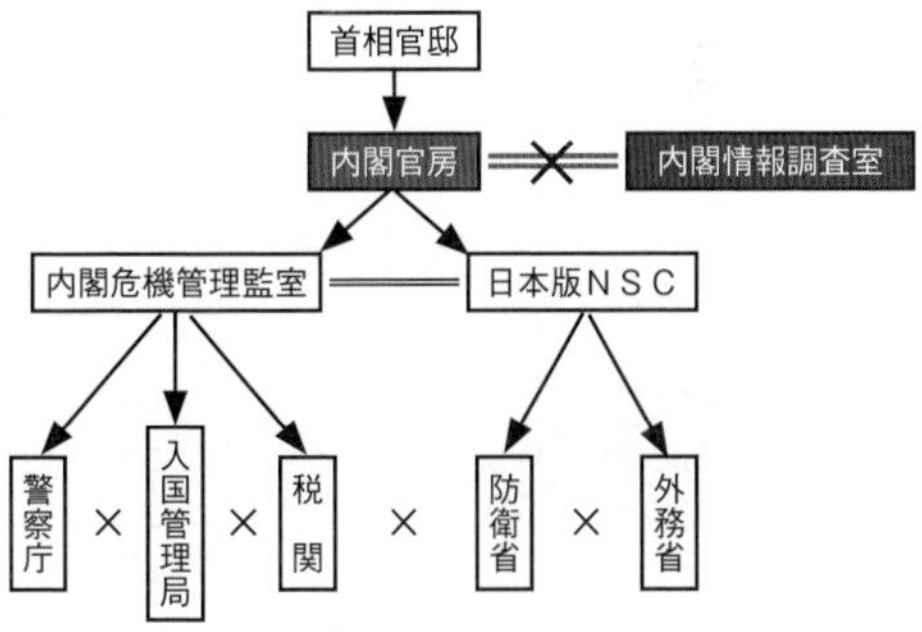

激なっています。かなり情報が回るようになっています。それは、やはりＮＳＣの直接的効果と言っても、いいのではないかと思います。

吉川　ＮＳＣは外務、防衛担当ですけれども。

礒崎　ですからＮＳＣが行うのではなく、内閣情報官のところも、それで活性化してきていますよ。ある意味カウンター・パートとして。要はＮＳＣ側が、情報の発注者になるわけです。内閣情報官側が、受け手になるわけだから。もちろん情報官から直接総理に上げているルートも両方あります。両方がきちっとして、整合性のある情報の三角形が出来上がっていかなければなりません。

こちらも、きちんとしたＮＳＣの組織を作ったから、情報組織もかなり活性化していることは間違いありません。それを見て、例えば公安調査庁みたいな昔はほとんど孤立して活動してきた役所も、自分らの持っているテロ情報などを警察に提供しようと、そういう流れが出てきているのですよ、現実に。

9　ＮＳＣ設立の効果

吉川　私が色々取材してみまして、日本のＮＳＣがうまくいっているのは、例えば「こういう情報をください」と、どこかのお役所にお願いする時に「これこれの理由で、この情報が欲しい」という説明をする。今までの色々なお役所同士や内閣官房等では、そういうことをきちっと行っていなかった。そういう説明をして情報をもらった結果そのお陰でこういう政策が出来たとか、こういうことが上手くいったとか、そういう報告、連絡みたいなものが、あちこちのお役所に対してNSCは、きちんと行っていると思います。

礒崎　それはもう法律の規定の中に入れましたから。NSCが要請した情報を、各省が出さなければいけないということにしましたから。

吉川　出せといったら出さないといけないという規則を作っただけでしたら、日本のお役所の

NSCを中心とした情報共有

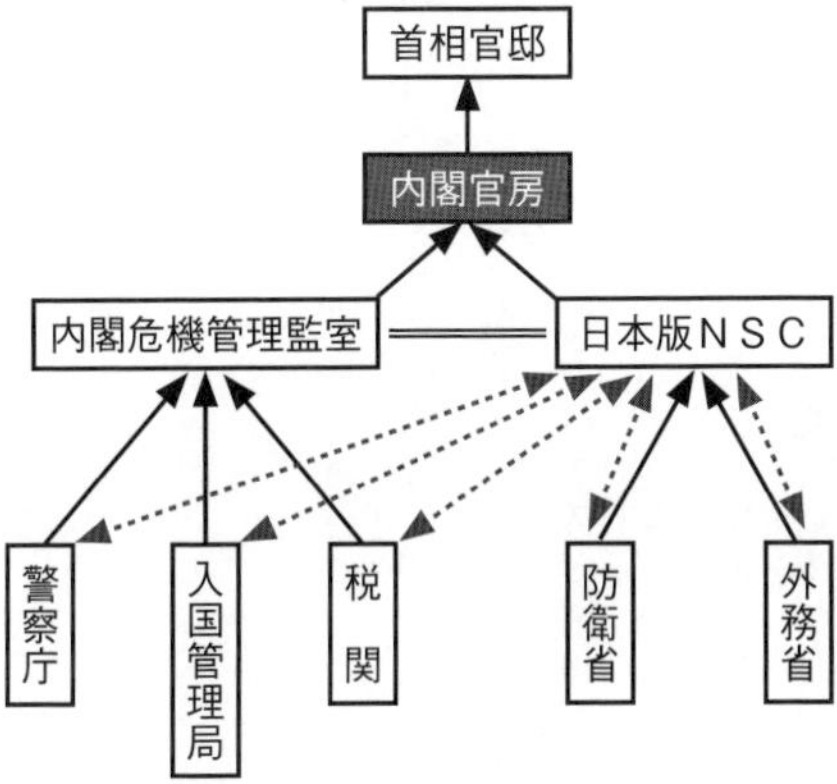

場合は昔から…。

磯崎　まあ、知らないということもできますからね。

吉川　それに対して、いま言ったような「こういう理由でこの情報がほしい」で、もらった情報のおかげで「こういういいことが出来た」というフィードバックがあれば…。

磯崎　それはね、動機付けがあるほうがいいですよね。

吉川　そこら辺の話を聞いていると…。

磯崎　上手くいき始めていると思いますよ。まだ百点満点かどうかは別ですけどね。

吉川　ただ私は米国と日本を取材してみて、特に米国側が日本の、そういう役所間の情報共有に関しては、まだまだ不安を持っていて、さっき言ったように、もう公式というよりも、前に出向に来ていた例えば警察庁の人や公安調査庁の人や防衛庁の人と、個人ベースで情報のやりとりをしたい——というのはワシントンでも聞く話なのです。

磯崎　日本のNSCも、まだ2年ですから。まあ今から、どんどん良くなると思いますよ。

吉川　NSCが、そういう形で頑張っているおかげで、本当に日本の官僚機構全体が変わってくれればと思います。結局内閣府が正直あまりうまくいかなかったのは、モチベーションの問題があったのではないでしょうか。内閣府は、例えば防災で、あなたのお役所が持っている、こういう情報が、こういう理由で欲しいのだとか、協力してほしいのだとか。その情報をもらったお陰で、こういういい結果がでました——といった情報のキャッチ・ボールが、内閣府は今までは下手だったのではないでしょうか。

礒崎　それと内閣府も総理大臣がトップなのだけれども、総理大臣との距離を保てなかったということだと思います。結局は内閣府も、一役所に過ぎない。担当大臣というのがいても、その担当大臣は、結局縦割りの方が強いから、一大臣にしか見えないわけですよ。だから、その上には総理大臣がいるのだという位置付けを、もうちょっと上手くやらなければいけなかったんだっただろうなと思います。

10　最後は〝人〟

吉川　ただ先ほど先生がおっしゃった、他のお役所が言うことを聞かないといけない権限というのは、内閣府にもあったはずですが。

礒崎　あります。あるのですが、そこをきちんと行うためには、それなりの官僚がいないと。だから強い官僚がいたところは、やはり強いのですよ。

吉川　ですね、ええ。

礒崎　そうでもないふにゃっとした人がいると、駄目になってしまうのです。もちろん大臣も同じです。強い大臣というのは、やはり強いですよ。

吉川　本当にワシントンでも、大臣や役所の上級スタッフ等に、強いリーダーが日本側にいた時の方が、経済交渉等が捗ったように私も聞いております。やはり最終的には、そういった人事の問題になってくるのでしょうか。

礒崎　人事の問題が、大きいでしょうね。

吉川　そうするとテロ対策に関しても、今後もしも日本のテロ対策まだ十分じゃない、このままでは日本国民を守れないかもしれない――ということになった場合には、首相補佐官にどういう人を持ってきて何を任せるのか、国家安全保障局長や内閣危機管理監に、どういう人を持ってきて何を任せるのか、あるいは逆に内閣府の方にテロ対策の部局を作って、そこに誰を連れてきて何を任せるのか、担当大臣は誰にするのか――そういうことが、これから重要になってくるわけですか。

礒崎　そうでしょう。官邸と内閣府のデマケ（＝役割分担）を、うまくやらなければいけないのでしょうね。だから今は、官邸の危機管理監を中心に行っているから、内閣府にそういう部局を作るときには、デマケをどうするのか――というのが大きな話になるでしょう。そこは三段階というわけにはいきませんのでね。

吉川　どうも長い時間ありがとうございました。

【インタビューのまとめ】

以上のインタビューの内容は、余りに多岐に渡っているかもしれない。だが、そうだからこそ多くの知見に満ち溢れている。礒崎陽輔氏の知識の深さと豊富さには、ただただ感服するしかなかった。このインタビューを読んで頂ければ、テロ対策だけではなく、これからの日本の、政治や行政が、どうあるべきかに関して、多くの参考を得られると思う。

特にNSCを中心として新しい省庁間のコミュニケーションの在り方が出来つつあることや、内閣官房と内閣府の融合により、米国とは逆コースで（？）、実施部門と企画部門の今後の仕分けが進むのではないかといった考え方は、テロ対策は勿論、多くの政治や行政に関する問題解決のために、非常に役立つものと思われる。

そして〝最後は人〟という考え方は、万国に普遍的かつ感動的な考え方だと思う。これからの日本の政治が、そうであって欲しいと祈って止まない。

コラム⑥

東京マラソン警備大作戦

東京マラソンの警備を参考に、テロ対策の理想と現実について考えてみたい。従って以下の文章の文責等は吉川にある。それを明記させて頂いた上で、東京マラソン財団の取材協力に心から感謝する次第である。

さて2013年4月に起こったボストン・マラソンにおけるテロ事件は、東京マラソンの警備にも、大きな変化を起こしたようである。それ以前は警視庁関係者と東京マラソン財団関係の民間警備員等を合わせて、5,000人程度によって警備を行っていたが、2014年2月の第8回大会から徐々に警備の人数を増やし、2016年2月28日の第10回では、8、

不審者を制圧する訓練を行う警察官と警察犬（提供：東京マラソン財団）

000人近い態勢になった。

　またテロを未然に防ぐという観点から、主催者として東京マラソン財団は、2014年から毎年1月に警視庁と連携し、爆弾処理を中心にした東京マラソンにおけるテロ対策警備訓練を行っているが、合わせて2015年には、車両が観衆等に突入して来た事態も想定し、東京消防庁との合同訓練も行った。2016年には、海からのテロ等を予想して、警視庁と海上保安庁との合同訓練も行われた。これは同じ〝警備〟を目的とした組織なので、警視庁は東京都の所管、海上保安庁は国の所管といった違いはあっても、協力関係は比較的円滑だったようだ。2017年には、フィニッシュ地点が皇居前広場近くになるため、警視庁と国が所管する皇宮警察の合同訓練が、行われる可能性もあるが、その場合も同じ〝警察組織〟として、円滑な連携が期待できるだろう。

　このようなことを書くのは、警視庁と民間警備員の協力関係の現状にある。

　例えば2016年には東京マラソン財団から依頼された民間の警備会社が、フィニッシュ地点での空からの警備のために、飛行船からカメラで地上を監視した。だが同時に警視庁も、ドローンで同じことを行っていた。ドローンによる監視等は他の場所では行われなかったが、一部メディア等でも報道されたように、ドローンによるテロ対策のための特殊チームが、いくつか警視庁から派遣された。

他にもメディア等で大きく報道された〝ランニングポリス〟以外にも、同様なウェアラブル端末を装着した民間警備員24人が、コース周辺を巡回した。また東京マラソン財団関係だけで、スタート地点に18台、コース途中の要所と思われる場所に10台そしてフィニッシュ地点に2台の固定監視カメラが設置されたが、より多くの固定監視カメラが警視庁によって設置されたらしい。

だが、それら警視庁と民間会社の監視カメラ等の情報の共有が、十分だったかには、私としては疑問がある。民間警備会社の監視カメラの映像は、警察や消防に配信してはいた。日本の警察は、テロ要注意人物等の顔認証データ等を持っていないわけではない。それらを民間警備会社側に提供してくれるだけでも、大きな事前抑止効果が期待できる。しかし警察にとっては、外に出しにくい特殊情報なのかもしれない。

空から監視する民間警備会社の飛行船
（提供：東京マラソン財団）

日本では諸外国と違い、街中の防犯カメラは警察等が常時監視せず、何かの事件等が起こった時に、その近くにあった民間警備会社の防犯カメラのデータを、警察に提供してもらうケースが多い。経費節減のためもあるのだろう。それを考えると、警察の持つ要注意人物の顔認証データが、民間警備会社と共有される現象は、今後は期待できるのかも知れない。

ところで東京マラソン財団は、前述の固定監視カメラの設置場所からも分かるように、ランナーの中にテロリスト等の要注意人物が紛れ込むことへの警戒にも注力している。金属探知機も、フィニッシュ地点に20台なのに対し、スタート地点には50台設置した。

そもそも数百万人とも言われる観衆の全てを監視することは物理的にも難しいが、3万7、000人のランナーだけだったら、完全に近い管理が出来るかもしれないという考えがあったのであろう。その3万7、000人のランナーを、限られた時間でチェックするためにも、スタート地点の金属探知機の数を増やさざるを得ない。他にもランナーに関しては、不正行為——途中でのランナー交代等——を防ぐ必要もある。

そこで2016年は、カテゴリー分けされた約900人を対象に、ナンバー・カードと顔写真を一致させる本人確認システムも、試験的に導入された。しかし、これも民間警備会社の関係者が、防犯カメラ等で、目視するのみであった。生体認証は勿論、顔認証データさえ使われることはなかった。しかし現在の国際テロの広がりを考えると、何れ顔認証どころか、生体認証も使われるようになる必要が、あるように思われる。

東京マラソン財団は、ボストン・マラソンの事件の翌年の2014年だけ、腕にはめる緑のリスト・バンドを、全ランナーと運営スタッフそして1万人とも言われる当日ボランティアの全員に、配布したことがある。しかし、これはテロに屈さず安全な東京マラソンを実現するという皆の決意を促し、その意思を表明する象徴的なものでしかなかった。

さて以上のようなことを踏まえて、幾つかの私的な考察を加えてみたい。まず、これは東京マラソンの警備に限らない、テロ対策等を巡る普遍的な問題であるが、警察と消防という二つの組織の目的の違いによる連携の難しさは、911テロ事件の時等にも起きている。証拠保全を第一に考える警察には、人命救助優先の消防の活動は、証拠隠滅とも取ら

ナンバー・カード認証システム
(提供：東京マラソン財団)

れかねない。警察の現場保全のため、消防の人命救助が遅れた等の問題は、911等でもあったと言われる。

東京マラソン財団が依頼した民間警備員も警備に関係するのも、事前の検査活動等のテロの事前防止の取組も行っているが、警察という組織の第一の目的は何か起きた後の犯人検挙のための証拠集めにあるので、テロの事前防止には別に民間警備員を配置する必要が多少でもあるからなのではないかと、私個人としては憶測している。2015年の警視庁と東京消防庁の合同訓練も、どれだけ円滑だったかは、やはり私個人としては、少しの疑問がある。

このような組織間の連携の問題を如何に解決するかは、これからの課題になるだろう。米国で使われているIncident Command System（ICS）のようなものの日本への導入も、検討されるべきだろう。

しかし、もっと大きな問題がある。2014年に配布されたようなリスト・バンド等に生体認証データ、GPS機能そして映像や音声を送る機能を入れて、その着用を義務付ける——さらには自分で外せなくさせれば、相当のテロ抑止効果が考えられるだろう。

悲しいことだが今の国際テロ情勢を考える時、全日本国民に常時そのような端末を着けさせることが、必要になるのは、遠い未来のことではないのではないかと思われる。第三者機関によるプライバシー保護のための監視機関に対する監視を徹底化させれば良いのではないか？ 因みに街中の防犯カメラを警察が直接かつ常時運営しているような国では、そのような第三者機関も発達しているケースも多い。

東京マラソンそして東京オリンピックの運営スタッフやボランティアの方々に、そのような端末を着けることを義務付けることは、将来的に全国民に着けさせることへの、非常に優れた予行演習になるだろう。それだけではない。

前記のようなことは、決してオーウェル的な恐怖の社会の実現を、意味するものではない。そのような多少でも高度なテロ対策関連機器に触れる機会を与えることは、普通は既存の消防団を含むボランティア的な活動等に無関心な若い世代に、関心を持って関わってもらう契機になることも期待できる。

そこで他では体験できない友人や仲間との協力関係等を得ることは、テロの根本的な理由とも言うべき若者の孤独感を減らすことにも役に立つ。それこそが真の意味での〝テロ対策〟であると言って良いのかもしれない。

インタビュー⑦

山本将之伊勢志摩サミット等警備対策委員会事務局担当

【インタビューの目的】

２０１６年６月９日、山本将之伊勢志摩サミット等警備対策委員会事務局担当（警察庁警備局警備課理事官）に伊勢志摩サミット警備に関係する諸問題に関してインタビューを行った。その目的は伊勢志摩サミットの警備成功は、今の段階では今後の日本におけるテロ対策の、重要な前例になるものと考えたからである。多くの方々の御参考になれば幸いと思う。

山本将之氏（左）と著者

【インタビューの内容】

1　日本警察の全国的運用――サミット会場警備とソフト・ターゲット警備の両立

吉川　それでは伊勢志摩サミット等警備対策委員会事務局担当の山本将之様に伊勢志摩サミットの警備に関して色々と教えて頂ければと思います。よろしくお願いします。

山本　よろしくお願いします。

吉川　この度、この伊勢志摩サミットという非常に大きな国家的行事があって、サミット自体も、もちろん不祥事があってはなりませんけれども、今までも2005年のロンドンや2015年のパリ等――国際的な大きい会議があって、警察の警備がそれに集中している時に、いわゆるソフト・ターゲットというか、一般の人々が普通に生活している場所が狙われるというような事案がありました。今回、伊勢志摩サミットが日本で開催されるにあたって、サミットの会場の警備と、ソフト・ターゲットの警備の両方に、どのように人員を配置されたのか。まず、そこから伺えればと思います。

山本　おっしゃるとおりですね。伊勢志摩サミット自体の警備について、各国の首脳が賢島の主会場を訪問するので、その開催地における警備を、万全にしなければいけません。今回、賢島が三重県、各国首脳が全て利用した空港が中部国際空港（セントレア）で愛知県。我が国で開催されたサミットでは初めて、主要な会議場と空港が別の県だったということが、まず特徴としてあげられます。

すなわち三重県警だけではなく、愛知県警もゲート・ウェイとしてのセントレアを、しっかり守らなければいけません。そこで伊勢志摩サミットの警備には、全国から約1万5、000人の特別派遣を含めて、2万3、000人の警察官の体制で警備に当たりました。

そして御指摘のとおり2005年のイギリスで開催されたグレンイーグルズ・サミットにおいて、サミット会場のグレンイーグルズではなく、遠く離れた首都のロンドンが狙われ、地下鉄とバスの同時多発テロが起こりました。そして2015年11月13日のパリの事案。これでは劇場やレストラン等が狙われました。そして2016年3月のベルギーのブリュッセル。EU本部があるブリュッセルにおいても、空港といっても制限区域内ではなく、比較的パブリックのアクセスができるところが狙われました。

吉川　あの時は偶然、私が飛行機でワシントンに行く途中

各国首脳が利用する中部国際空港（セントレア）（警察庁提供）

でして、今は飛行機の中でもネットがつながるので、驚きと共にワシントンの空港での同時多発テロを心配しましたね。

山本　後は地下鉄。EU本部の直近の地下鉄の駅が狙われたということで、当然東京をはじめ、全国の大都市におけるソフト・ターゲット対策も、同時に行わなければいけません。警視庁では1万9、000人の体制で、重要防護施設だけではなく、ソフト・ターゲットも、しっかり警備を行いました。全国では約3、500か所に約7万人の体制で、ソフト・ターゲット等の警戒に当たりました。

また御指摘にありませんでしたけれども、伊勢志摩サミットが終わって米国大統領が広島に参りましたので、広島県警では約4、600人そして岩国基地が使われたということで山口県警では約1、000人の体制を、それぞれ構築したということが特質としてあげられます。

吉川　あと伊勢志摩サミット警備対策委員会には、宮城県警も入っていたようですけれども。

山本　警備対策委員会は、あくまでも警察庁の組織で、サミット対策課を三重と愛知と広島と

銃器対策部隊訓練（2015年9月、警視庁）（警察庁提供）

宮城で設置したのですが、これは広島で外相会合が行われ、宮城では財務大臣・中央銀行総裁会議が行われたので、それぞれサミット対策のための組織を設置した——というものです。

吉川　そういう各々の場所に元々ある都道府県警が守るだけではなく、特に守らなければいけない三重県等に、例えば警視庁の部隊が移動したりといった配置転換があったと思うのですが。

山本　それは先ほど申し上げたとおり、1万5,000人を三重と愛知に、それぞれ特別派遣したということです。

吉川　それは主として警視庁ですか。

山本　いえ。全国の警察です。主として警視庁というわけではありません。警視庁から、それだけのものをもっていったら、警視庁が逆に手薄になってしまうので、全国から派遣しました。

吉川　それは、どこの県から何人という基準のようなものはあったのですか。

山本　特に基準というのはないのですけれども、基本的に各県で機動隊という組織があり、各管区に管区機動隊とい

第一回警察庁伊勢志摩サミット等警備対策委員会（警察庁提供）

うのが恒常的に構成されています。基本的に大きな県であれば、機動隊という単位で派遣する。管区機動隊に関しても同じで、管区機動隊の大隊なりの単位で、それぞれ派遣する。小さな県警ですと、その機動隊だけでは一つの部隊を構成できないので、そういった場合には、普段の署で勤務をしている、我々は第二機動隊と呼んでいるものと、機動隊を連合させて、連合機動隊を編成し、三重と愛知を除いて45都道府県警察から、三重と愛知に警察官を派遣しました。

吉川　それと同時に自分のところのソフト・ターゲットも、きちっと守るように、色々と警察庁も調整したのですね。

山本　そうですね。指示をしたという形です。

2　サミット会場の警備――民間警備会社とハイテクの活用①

吉川　まずサミットの行われた賢島に関して伺いたいのですけれども、二つ橋があって片一方を遮断して、もう片一方を通るにあたって非常に厳しく検問されたと伺っておりますけれども。

山本　賢島に陸からアクセスするには、御指摘の二つの橋を通ります。一つが賢島橋という約20mの橋。ここは道路だけではなく鉄道も近鉄の志摩線が通っています。賢橋大橋が約153mの橋で、それが北側にかかっています。基本的にその橋の手前で開催直前から部隊による規制を行い、5月21日午前6時から賢島橋の直近の場所において、外務省が設置したチェック・ポイントが稼働しまして、賢島の中に入る方については、外務省が発行するＩＤを持っている方のみに入島を制限するという形となっておりました。

鉄道でテロ等の関係者が簡単に賢島に入れてしまったら規制の意味がなくなってしまいますので、関係機関や鉄道事業者である近畿日本鉄道の御理解を得て、地元住民の方には代替のシャトル・バスを出し、5月21日午前6時から5月28日午前7時まで、賢島駅に入る全ての鉄道について、利用者には二つ手前の鵜方という駅で降りて頂き、賢島駅には乗降客は入らないという形をとらさせて頂きました。

吉川　チェック・ポイントですけれども、ＩＤを発行したのは外務省で、チェックしたのは警察ですか。

山本　いえ、チェックしたのも外務省が雇った民間の警備員です。

吉川　何故そういう役割分担になったのですか。

山本　役割分担というか、それは警察がやるものではなく、

伊勢志摩サミット会場となった三重県志摩市賢島（警察庁提供）

基本的には会議の主催者である外務省が行うべき措置ということです。そのチェックが、きちんと行われているかどうかは、警察で確認しますけれども。警察が全てをチェックするということではないです。

吉川　外務省が委託した民間警備会社がチェックして、民間警備会社のチェックが適切であるかどうかを警察がチェックしたわけですね。チェック・ポイントには警察の方も、いらっしゃったのですか。

山本　もちろんいました。

吉川　外務省が主催するイベントなので、そのチェック・ポイントの担当は、基本的に外務省なのですね。

山本　基本的に全て同じと思います。スポーツ・イベントであれば当然警察がチェックするのではなく各イベントの会社が行います。我々警察が主催して何か行事などを行う場合には、担当の都道府県警がチェックをする形になると思います。そうでない場所で一律に、そういった検査をするということは、現状では我々ではなくて各事業者、各主催者において行うべき措置だと思います。

吉川　外務省が依頼した民間警備会社のＩＤのチェック等は警察の方で、どのように更にチェックされたのでしょうか。

山本　それはチェック・ポイントの後ろで警察官が、例えばすり抜けがないかとか、共連れがないかとか、そういうことをチェックするということですね。

吉川　そうするとＩＤの発行自体は、民間警備会社で責任を持って行っているのでしょうか。

山本　ＩＤの発行は、外務省ですね。そのＩＤをかざして、そこに色々な情報が入っていますので、それで本人かどうかの確認を行いますし、その場所で持ち物等の確認も行われました。空港の保安検査と同じイメージを持っていただければ良いです。あそこは警察がやっているわけではないですよね。

吉川　そうするとＩＤには、生体認証みたいなものも入っていたのでしょうか。

山本　生体認証は入っていなかっ

警察庁のサミット警備に関する広報ポスター

たと思っています。写真とかは入っていますけれどもね。別に指紋をかざすとか、そういうところは、なかったと思いますね。

吉川 そこまでした方が、良いと思われませんでしたか。

山本 それは外務省が考えられる措置だと思います。そこまでの生体認証を、住民も含めた方々に出して頂くという、そこまでの必要があるのか。もちろん警備という観点で、そこまでやった方が、厳重なアクセス・コントロールが必要な場所では、必要でしょうけれども。そこまでのものが全てに必要かどうか。それと、それに伴って、そういったものを提出を頂くことについて、それがご理解頂けるのかどうかという問題が、あるのではないでしょうか。

3 ソフト・ターゲットの警備——民間警備会社とハイテクの活用②

吉川 では賢島であれ、東京や大阪などのソフト・ターゲットであれ、防犯カメラ、監視カメラは、どのように運用されたのでしょうか。

山本 我々は、防犯カメラを運用していません。

吉川 防犯カメラの運用は、民間会社で行われたのでしょうか。

山本 それは各事業者において必要な増設というのは、おそらく行われたと思います。

吉川　ＪＲなどでしょうか。

山本　駅であれば、そうでしょう。そういうテロ対策の強化に徹するということにおいて、監視カメラの増設をお願いします。あくまでも我々はお願いをする側でありまして、そのお願いを踏まえて、皆さんで色々な措置を講じて頂くことになります。

吉川　例えば人間の動きを監視カメラで見ていると、これは何か異常事態が発生しているとか、あそこにもしかしたら不審物が置いてあるのではないかとか――そういうのをコンピューターで検知する技術も発達していると言われておりますが、それも民間会社が行ってるのでしょうか。

山本　はい。

吉川　日本では警察自体が、そういうものを運用しようという考え方は、ないのでしょうか。

山本　その民間の新しい技術で活用できるものがあれば、我々としても活用していくということはあると思います。その技術を我々が、どう使うかということと、民間会社が撮ら

厳戒下のサミット中の都内

れた映像を、我々が頂くということは、全く次元の違う話です。
民間会社に、そういう技術があるというのは承知していますが、我々自身がカメラを設置するところで、そういった技術を活用できるかというのは、別途検討する話です。それと民間会社が、そういったものを設置して、我々が全部データを頂くということも、全然違う話です。そこは民間会社が、新しい技術を活用して判断したことをもとに通報して頂く。プライバシー等の兼ね合いも当然ありますので、それが自然な形ではないのかと思います。

吉川 要注意人物の顔認証のデータ等は、日本の警察は持っていらっしゃるのではないでしょうか。

山本 それはあると思いますよ。

吉川 そういうものを民間会社と警察で、共有することは行われなかったのですね。

山本 そこは民間会社に提供するというのは、少し違うと思います。

吉川 逆に民間会社から提供してもらったものを、警察が活用するのですか。

山本 民間から、どういう趣旨で提供して頂くのでしょうか。提供して頂いて困る場合もあると思います。

吉川 では、やはり警察は事件が起きないと動けない。

山本　いや、そんなことはありません。それは政府の枠組みとして、出入国の時に入ってくる方の、例えばＢＩＣＳ（生体情報認証システム）なりの生体情報と、政府が持っているものを突合させるという意味での照合は、出来ると思います。そこに民間会社が入るというのは、難しいのではないかという気がしますが。

吉川　サミット警備の時――特に会場周辺であれば、民間会社のカメラから映像を提供してもらったりして、それを警察が持っている顔認証データと照合することは出来ないのでしょうか。

山本　それは出来ないと思いますよ。

吉川　やはりプライバシーの問題でしょうか。

山本　それは重大な問題になると思いますね。

４　ドローンを巡る諸問題

吉川　ドローンを使ったテロへの対策に関しては、どのようにされたのでしょうか。

山本　ドローン対策は、まず飛ばさせないというのが、一番大切だと思います。まず法令関係として、三重県ではドローンに関する規制条例というのを制定して、賢島の公園のある地点を中心とした１・５キロの範囲について、ドローンの飛行を禁止するという条例ができております。その周辺において、ドローンを飛ばし得るような見通しのいい場所などに、しっかりと警察官を配置しました。ドローンを携行しているような不審者がいれば、それについて徹底した職務質問を行うということが一番大切です。

また我々が通常の警ら活動で発見しにくいような、例えば空き家の庭などについては、今回、三重県警察が導入した監視用ドローンを飛ばして、そういったところで不審人物がいないかを、上空からも監視しました。

吉川　それは三重県警が行われたのでしょうか。

山本　それは全て三重県警です。三重県警に特別派遣された人も含めて、基本的には全て三重県警が行いました。まず飛ばさせない対策をとり、万一それでも飛んできてしまった場合の対処法として、まずは当然操縦者を発見し、確認するというのはあると思いますけれども、それでもドローンが近づいてきた場合には、迎撃用ドローンとしてネットを付けたドローン対策部隊を配置するとともに、そのドローンが飛んできたときに自動的に検出できるようなドローンの探知機というものも、賢島周辺等に配備をして監視に当たりました。さらに万一直近まで飛んできてしまった場合には、ネット・ランチャーというものを我々は持っていますので、ネット・ランチャー等のドローンを捕獲できる資機材を、その直近にいる警護員や警戒員に配備しました。そういった多重的な対策を取りました。

吉川　ドローンに関しては逆に、民間会社には任せないのですね。

山本　それは違法行為に対する対応なので。

吉川　民間の警備会社でドローンを運用したものはなかったのですか。

山本　ない、と思います。

吉川　それは国土交通省との関係もあるのでしょうか。

山本　それは航空法の関係ということですよね。航空法では、人口密集地や空港の周辺等は、飛行制限の対象でありましたが、賢島周辺は殆ど人口密集地外ですので、特に国交省も関係ないかと思います。

吉川　いずれにしても、そうやってドローンなり監視カメラなりで警察側が撮ったデータと、外務省がお願いした民間警備会社が撮ったデータとが、どこかで共有される、突き合わされるという場所が、あったというわけではないのですね。

山本　それは出来ないと思いますね、今の枠組み上。

吉川　プライバシーの問題ですか。

山本　というか我々がテロ対策で持っているドローンからの情報というのが何を意味している

のか分からないのですが。

吉川　警察が運用しているドローンにつけたカメラや普通の防犯カメラの映像等のことです。

山本　交通の状況等を確認するカメラはありますが、それは防犯カメラではないので、それの情報を、どこかと突き合わせるような、そういう性質のものではありません。

5　民間との協力

吉川　民間会社から提供してもらえるものは民間会社から提供してもらって、警察はどこかに提供する必要はないということでしょうか。

山本　別に民間会社から、全てのものを提供してもらうというものではありません。例えば極端な話ですが、施設管理者で今回の会議場の中に事前に設置しているカメラがあった場合に、そのデータについて見せて頂くというのはあると思います。ただ、それを何かと突き合わせるといったことは少し違うと思います。

伊勢志摩サミット前から使用中止となった駅のゴミ箱

吉川　必要がない限りやらない。

山本　法的論点が多々ある話だと思います。

吉川　その問題は言わないとしても、サミットの数日前くらいから、コイン・ロッカーが使えなくなったり、ゴミ箱が使えなくなったり、あれは交通事業者の方々と警察の協力ですか。

山本　それは国土交通省で、しっかりと通知を出されておられますので、そういった諸問題を各事業者に指示して頂くように、国交省に我々がお願いをし、国交省から各事業者に、そういう通知が出されたと承知しております。それに加えて各都道府県警で、それぞれの各事業者にお願いはするということです。

吉川　東京駅でも見える監視所と言われるものが、一時的に作られましたけれども。

山本　多機能警戒台ですね。あれは我々の措置ですよね。

吉川　もちろんJRも協力してくれたわけですね。

山本　そうですね。場所をお貸しいただくということですので。

東京駅に設置された多機能警戒台

吉川　ほかに民間会社との協力とは、どんなことがありましたか。駅だけではなく。

山本　例えば色々なソフト・ターゲットがございますので、ソフト・ターゲットのタイプに応じてデパートならデパート、ホテルならホテルで色々なお願いがあります。まず例えば基本的には、ソフト・ターゲットというのは、多くの人が集まる施設ですので、そういう場所で万一何かあった場合の避難誘導の確認あるいは合同訓練の実施。そういったことを、まず各事業者と連携をして行うというのは、非常に大切です。

吉川　地域版テロ対策パートナーシップというものでしょうか。

山本　それも一つの枠組みなので、地域によってはパートナーシップというのは色々なメニューがありますけれども、それは各々の事業者に応じて行っているかと思います。

　そのテロ対策パートナーシップで一つ言うと、爆発物の原材料対策について。そういったものを扱う事業者——例えばホーム・センターや薬局等に対して、各々のものを組み合わせると

警察とホーム・センター従業員とのロール・プレイング型訓練（警察庁提供）

爆発物になるものを、大量に購入するような人がいた場合には、通報をお願いしました。それに加え、実際に、そういう不審な人間が買いに来た場合を想定した、ロール・プレイング型の訓練等を、各都道府県警で行いました。

もちろん鉄道がテロの対象になった時のための避難訓練等も行いました。

6　海上保安庁、自衛隊との協力——内閣官房等による調整①

吉川　では海上保安庁や自衛隊との協力は、どのように行われたのでしょう。

山本　特に今回、賢島が海に囲まれているという観点で、海から接近してくることに対して、十分な対策をとる必要がありました。我々は当然海上の警戒部隊も持っています。我々は更に陸上にも警察官を配置して、それと連携しているわけです。更に海上保安庁も色々な装備資機材と訓練を受けた部隊を有しているということで、海上の警備に際し

官民合同訓練（2015 年 11 月、三重県）
(警察庁提供)

て緊密に連携して、不審な人物が賢島に近寄らないような措置を、お互いに連携をして行ったということです。特に賢島の直近の、賢島の南側約1キロくらいのところから、北側の海域を5月21日から警察の方で占用しまして、占用海域に入ってくる船について、海上保安庁と三重県警で連携をして、確認等の作業を行いました。さらには万一の事案に備えて、各種の合同訓練を積み重ねました。

吉川　それは海上保安庁。海上自衛隊の対潜哨戒機まで出たという話も、一部報道でありましたが。

山本　警察としては、基本的に直近のところで、海上保安庁との連携を行ったということです。

吉川　セントレアから現地まで、天候次第では、陸上自衛隊のヘリコプターが、使われることもあったようですが。

山本　一部の対象は、天候の関係で195キロを車列で移動していただきましたが、基本的には、セントレアから賢島直近のヘリポートまでは、陸上自衛隊のヘリコプターが使われました。こういうことでの連携というのも、我々と自衛隊で、しっかりやらさせて頂いたということです。

吉川　海上保安庁や自衛隊との連携は、直接行われたのでしょうか。

山本　はい。直接しています。

吉川　内閣官房とかが間に入ったわけではないのですか。

山本　内閣官房も入っております。内閣官房が入る枠組みの中で、我々も当然直接のやり取りをするということになります。

吉川　内閣官房が入った枠組みと入らなかった枠組みがあるわけですか。

山本　いいえ。内閣官房が入っている枠組みの中で我々が特に直接やりとりするということもあります。リエゾンを相互に派遣するというのは、内閣官房の枠組みの中で、我々は相互にやらさせていただいていました。

吉川　それは特に国家安全保障局が担当したとか内閣危機管理監室が担当したとかいうことはあるのでしょうか。

山本　政府全体の枠組みとして伊勢志摩サミット準備会議というのが、政府に設置をされて、その中に警備対策部会という部会が設置をされて、その下で全体の調整が必要なものについて、各々ワーキング・チーム等を作って調整を行っていた形です。ですから我々が相互に連携をしますけれども、内閣官房の調整の中での連携であったということです。

7 消防との協力――内閣官房等による調整②

吉川 次に消防との連携についてお聞かせください。

山本 消防とも緊急の傷病人が出た場合に、どのように対応するのかという観点での連携は、取らさせて頂きました。

吉川 もう少し詳しくお願いします。

山本 具体的には傷病人――例えばＶＩＰが病気なり、緊急に病院に輸送しなければいけなくなった場合に、それを彼らがヘリコプターで輸送します。そういったプログラムを作るという意味で消防と、あとは医療が関わってくるので厚生労働省と我々で連携をしました。

吉川 それも内閣官房が最終的に調整したのですか。

山本 当然医療全体で対応も一つのパッケージにはなると思うのですが、基本的には関係省庁の中で話をして、内閣官房に報告をするという形でした。

吉川 消防は特に市町村のものですから、警察以上に伊勢志摩サミット会場の周辺に、少し多めに人を配置してもらうのは、大変だったのではないでしょうか。

山本 当然存じてますけれども、私が何人体制と答える話ではないですよね。消防のヘリが、伊勢志摩地域にあるかどうかは承知しておりませんが、応援ということで別のところからヘリが来ていたというのは、承知しています。

吉川　それは総務省消防庁と自治体の消防との協力ですか。例えばそういう警察、消防、海上保安庁、自衛隊というのは、最終的には内閣官房が調整する形だったということですか。

山本　内閣官房が調整するというのは、政府全体での調整事項になったら調整するのでしょう。

8　外務省、入管等との協力――内閣官房等による調整③

吉川　賢島の警備以外の連携で、外務省との連携は、どのように行われたのでしょうか。

山本　外務省とは緊密に連携を当然取らさせて頂いていました。外務省の方で伊勢志摩サミット準備事務局というのが設置されて、それ以来約1年間ずっと調整をして頂いていました。

例えば要人が、どういう動きをするのか、どういう動線を通るのか、ホテル内で、こういう行事がある時に、どういう風に関係者を配置するのか、そこに要人が、どのような動線で行くのか、そこに取材者が、どういう動線で行くのか、そういうのを全て調整しました。

吉川　それも直接調整というか、特に内閣官房等は関係なかった。

山本　全て共通です。

吉川　では最後に、入国管理局との連携について、お聞かせください。このサミットの前後にテロリスト的な要注意人物が外国から入って来るか、あるいは日本国内に既にいる者との協力がないか。そのようなことを妨ぐために、入国管理局との協力等は、どうなっていたのでしょうか。

山本　入国管理局とも当然緊密な連携を、警察庁としても常日頃からやらさせて頂いてます。サミットに向けて益々そういった関係を強化しました。

吉川　内閣官房に水際対策幹事会というのがありますけれども、それとは別のところで行われたのでしょうか。

山本　そういう枠組みも活用しながら皆で緊密に連携をしていくということなので、それが別とか一緒とかいうことではなく、そういう枠組みを活用しながら相互に連携をする――というのが基本の形だと認識して頂ければ、と思います。全て連携をしていることが、内閣官房等に報告しないから、独自でやっているということではないのです。

必要な調整を内閣官房が行って、当然内閣官房に相互に連携状況等を報告するというのは、あると思います。

津港におけるテロ対策合同訓練（2015年3月）（警察庁提供）

吉川　内閣官房による調整があったことで、上手く行ったのだと感じられたことはありますか。

山本　それは場面、場面ではないでしょうか。

吉川　直接やってよかったという場合もあったということでしょうか。

山本　一つ一つに評価をする必要は、ないかなという気はします。全て関係省庁と緊密に連携をして行っていくという中で、内閣官房という枠組みが機能すべきこともあれば、お願いせずとも上手く機能することもある――ということなのではないでしょうか。

9　未来に向かって①――特に2020年東京オリンピックの警備

吉川　内閣官房以外に本部的なものが、どこかにあったら良かったと感じたことはありますか。

山本　それは、ないと思います。内閣官房の調整の中で、行えることを行うということで、よろしいのではないでしょうか。

吉川　今回のことで、こういう国際的な大きな行事等があった時や、それではない本当に日常でも、日本のテロ対策が色々な省庁間の協力関係も含めて、格段に向上したとお考えですか。

山本　間違いなく、そうだと思います。

吉川　具体例は、ありますか。

山本　まず枠組みがあるということが、極めて大切だと思います。911があって、そういった枠組みが、さらに強化をされてきました。そういう流れの中で関係省庁の連携というのが、迅速かつ緊密に行われるようになっているのは、間違いないと思います。

吉川　今回の経験に基づいて、新しい枠組みが作られたり、今までの枠組みが見直されたりすることは、あると思われますか。

山本　何か問題があって、そういう問題意識が生じて枠組みの変更――というのが流れです。ただ今回、何か問題があったと、私は特に認識をしていません。

吉川　今のところ日本のテロ対策は、今の枠組みを更に深めて行くということで、例えば4年後の東京オリンピックも、このパターンで、きちっと安全に実行していけると、お考えでしょうか。

山本　そのために今回の伊勢志摩サミットでできたことを、しっかり見て、更にオリンピックの場合は、状況が全く違うスポーツ・イベントとしての問題が出てきますので、そういったことを、しっかり勘案しなければいけないのではとは思います。

吉川　色々な人の動線等が、今回のサミットの何千倍と大きくなるわけですから、人の動きなどを全部見ていくことを考えると、ますます民間会社との協力が大事になって行くのではと思います。それも今回のことがベースになって深まっていく。大体そのような感じでしょうか。

山本　ものの性質は違いますけれども。多くの観客がアクセスするスポーツ・イベントとして行われる警備と、そうではない基本的には関係者のみの場所での警備と、やはり全然性質は違うので、警備の性質も違う部分が当然出て来ます。そこは、それに見合った対策をとっていく必要があるのですが、今回サミット会場以外のソフト・ターゲットにおける警戒を、実際に我々が各事業者や関係省庁等と連携しながら行った経験は、確実に２０２０年の東京オリンピックの警備に生かされます。また４年後に向けて我々としても、更なる対策の強化であったり、連携の強化であったり、そういったことを考えていく必要があります。

10　未来に向かって②——再び各組織の協力とハイテクの活用

吉川　それは、くどいようですけれども監視カメラの映像の問題もあれば、身分認証の問題もあるのでしょうか。

山本　そこは各事業者の方で行う話です。例えば米国のディズニー・ワールド等であれば、警備という観点だけではなく、成りすましで他のお客さんが入ったらお金の問題が生じますよね。例えばコンサート施設でも、もちろん警備という観点で色々な対策をとるというのもありますが、各イベント主催者からすると、勝手に録画をされたら困るといった問題もあります。

色々な側面がある中で、例えば先ほど申し上げた米国のディズニー・ワールドでは、実際にチケットを買うと、ゲートに行ったときに指紋登録がある。それはチケットを持った人と本人が、同一であるかの確認です。そのチケットというのは、初日は90ドル、2日目80ドル、3日目70ドル、4日目以降は1日ごとに10ドルなのです。それなので例えば5日間券を購入した人が、5日目にチケットを30ドルで転売されては困るという観点で、指紋認証をしているのであって、それは別にテロ対策ということではないわけです。そのデータが全部警察にいくとか、そういうことではないわけですよね。同じ議論が2020年の東京オリンピック等でもあって、やはり転売防止という観点で、人の情報等をチケットと合致させるというような話があります。それはあくまでも、警備の観点ではないと、私は思います。

吉川　やはりプライバシーの問題。

山本　それは相当あると思いますよ。

吉川　万一にもテロが起きてしまった後に、犯人を見つけるためには使えるのですね。

山本　それは、あると思います。それは捜査関係事項照会という枠組みの中です。防犯カメラの映像と同じです。強盗事件が起こった時に、警察が防犯カメラ映像の提供を受けに行くのと同じ話です。一律に、事業者が採られた生体情報を警察が入手したりするのは、なかなか難しいと思います。

吉川　米国でも、それは非常に問題になっています。ただ、そういう生体認証センサーですとか、カメラで撮った映像の人間の動きをコンピューターで分析する技術など本当に日本の技術は優れていて、米国のテロ対策の官庁が欲しがっているくらいです。今後そういう民間会社ですとか、もちろん消防、自衛隊、海上保安庁そういうところと協力して、2020年の東京オリンピックも成功させて頂きたいですし、何よりも世界一安全な日本というものを、これからもきちっと頑張って守って頂ければ、と思います。

特に水際対策というか要注意人物――外国人とは限らない、例えば外国でテロのトレーニングを受けて、そういう情報が来ている日本人が帰ってきたとか、空港できちっと入管なり空港の事業者なりが見分けて、そして警察とが協力していけるかどうか。今後、一番大事になるかと思います。

山本　なかなか難しいところもあると思います。当然渡航先が、パスポートにシリアなどと書いてないわけですから。そういった不審点があれば、そこは慎重に入管で審査をして頂くということが、やはり大事だと思います。そういう意味で、また関係省庁の連携というのも、大事なのではと思いますけれどもね。

吉川　米国の国家テロ対策センターは米国国民だけではなく、全世界的に国際テロ集団と協力してトレーニングを受けている人間だと疑われる要注意人物の動向や顔認証データ等を持っているそうです。その情報は米国国家情報長官事務所から日本の内閣情報調査室に来て、それは本来、警察庁にも入管にも来る筈です。それから空港の事業者とか、みなさんが協力して、きちっとそういう人が入って来ないように、この世界一安全な日本を守るために、これからも宜しくお願いします。本日はお忙しい中、本当にありがとうございました。

山本　ありがとうございました。

【インタビューのまとめ】

以上が伊勢志摩サミット警備の警察庁側の取りまとめ役の一人だった山本理事官との対話である。これに基づいて色々なことが考えられると思う。それらをまとめてみよう。従って、この部分の文責の一切は吉川にある。

まず山本理事官を含む日本警察の方々の献身的な努力には、心から敬意を表し感謝を申し上げたい。あの大規模な国際的イベントで不祥事を起こさせず、日本の名誉を守り、またソフト・

ターゲット等で国民の生命が脅かされる事態も防いでくださった。陰にあった超人的な努力を知り、重ねて心から感謝する次第である。

しかし私がかねてから持っている問題意識は、変わることはなかった。もっと円滑な組織間の協力が、組織と組織あるいは官と民を超えて、できないものだったのだろうか？　そのための司令塔ないし調整所のようなものは、やはり必要だったのではないか？

官の内部の違った組織間の持ち味の違いを活かしつつ調整するには、官の内部の各組織間の連絡所である内閣官房では、難しいのではないか？　官と民の間なら尚更である。

そして悲しいことだが、これからの世界ではテロが激化する一方であることが、予想されることを考えると、従来のプライバシー問題等も、大幅な見直しが必要なようにも思える。それを、どのように考えて、実行して行くべきだろうか？

今回の伊勢志摩サミットの警備は、一応以上に成功した。その経験を集めて、テロ対策政策に関して、未来に向けて以上のようなことを考える必要はある。そのような役割は、やはり〝政策のインキュベーター〟としての内閣府が、関係省庁や民間から経験者を集めて果たして行くのが、最も望ましいように私には思えるのだった。

コラム⑦

監視社会は恐怖の社会か?

監視社会は恐怖の社会か?——本書の後半で報告した取材成果によって、プライバシー問題等もあって日本では、テロ対策のために警察その他が持っている情報を、他の組織——特に民間会社と共有したり、あるいは政府機関が個人の行動を観察したりするのが、非常に難しい状況であることが、明確になったと思う。それではプライバシー問題等の本場と言うべき米国では、どうなっているのだろうか?

2015年5月11日、私はワシントンで保守系のCATO研究所が開催した〝The U.S. National ID Law at Ten Years〟と題して行われたパネル・ディスカッションを聴講した。

米国では2005年に「Real ID Act」(Real ID法、正式名称は「下院法案418号」)という、各州が発行する運転免許証の統一基準を定める制度が設立された。バーコード等で確実に個人を特定できるようにする形式の導入等である。きっかけは911調査委員会報告書に、連邦政府が統一したＩＤ制度を設立することの重要性が、取り上げられていたことである。しかし同法設立後、Real ＩＤ は国の予算ではなく各州の予算で作成されることになっていたため、そのような予算的な問題やプライバシーの問題等、様々な要因から各州での反発の声が拡大し、導入は難航した。

２００７年には25の州で州議会議員らが反対決議を提出。そこで10年以上、Real ＩＤ Act の導入には猶予が与えられた。しかし、２０１６年からは、米国各州に対し国土安全保障省（ＤＨＳ）が、強制的な姿勢で連邦政府の基準に従った運転免許証等を発給することを求めている。これまでは「導入期間の延長を許可する」といった形で、各州の実施の遅れを大目に見てきた。

しかし前述のセミナー後の動向をフォローすると２０１６年1月には、２０１８年1月という定められた期間までに、連邦政府の基準を満たすＩＤの作成ができない州の住民は、運輸保安局（Transportation Security Administration：ＴＳＡ＝ＤＨＳの一部）が航空機への搭乗を禁じる——と強制的に統

ＣＡＴＯ研究所のパネル・ディスカッション

一させる姿勢が見られた。更に、2020年10月までには、全ての米国民が、連邦政府の基準に従ったIDを、使用することが現時点では予測されている。これに向け連邦政府は、DMV（Department of Motor Vehicles ＝各州レベルでの運転免許等を管理する部署）とも連携をして、制度導入を進めている。

このように911以降でも米国では、プライバシー保護等には非常に慎重な姿勢が、行政機関等にも見られるのである。以上の議論は、日本でのマイナンバー問題を彷彿とさせる。礒崎陽輔氏に本書でのインタビューの後にお聞きしたところ、マイナンバーを使ってテロ容疑者を追跡することは出来ないとおっしゃられた。だが私が初代DHS長官のリッジ氏にインタビューした時は「日本なら米国で出来ない全国民のIDを作れるのでは？」とおっしゃられた（『911から311へ―日本版国土安全保障省設立の提言』、近代消防社刊）。お二人とも、そしてCATO研究所も、保守系と言われながらプライバシー問題等に配慮する姿勢が強く感じられ、真に民主主義を愛する優れた人々と思った。

だが現在のテロの蔓延を考えると、将来的には日本ではマイナンバー等を上手く活用して、テロ集団等と接触した形跡がないか？――全国民を管理するシステムの導入は、必要なように私は思う。

なお2016年6月現在、Real ID法案を否決している州・米領は5か所。サモア（諸島）、イリノイ州、ミネソタ州、ミズーリ州そしてワシントン州。また可決している州でも、2016年10月10日まで現在使用している運転免許が、正式なIDとして使用することが、延長措置として許されている州もあるそうである。

Real IDに関する件は、以上のような状況である。次に外国諜報活動偵察法等について、考えて見たいと思う。

2016年3月30日ワシントンのヘリテージ財団で開かれた〝Counterterrorism. Collection Authorities and the Rule of Law〟というパネル・ディスカッションを、私は聴講した。それは〝The Role of Intelligence〟というセミナーの一部で、その中で外国諜報活動偵察法と外国情報監視法（FISA）の関係について、非常に活発な議論が行われた。

FISAとは、1978年に設立された法律である。米国の政府機関が外国の情報機関やスパイ活動を監視する際には、必ずFISAに基づいて設置された特別な裁判所からの司法命令が必要

ヘリテージ財団のパネル・ディスカッション

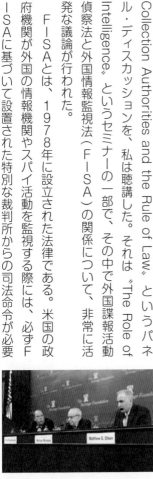

であり、FISA裁判所が定期的に諜報機関の活動報告を受けることで、世界中の米国民のプライバシー等が保護されていることから、とても上手く出来ている法律とされている。

しかし近年は、テロ対策等を目的とする要請であれば、裁判所の令状なくして日常的に米国人の通信内容を収集する行為は違法ではないとしている外国諜報活動偵察法702条の適用が増え、それに基づいて設置されたFISA裁判所等が合法的なのか、きちんと機能しているのか？——という批判の声も多い。

だが、このパネル・ディスカッションで国家テロ対策センター（NCTC）の元センター長であるマシュー・オルセン氏そして元司法長官マイケル・ムカセイ氏が、口をそろえ述べていたことがある。それは「外国諜報活動偵察法を含む米国の法律は、あくまで米国民の国内、国外での権利義務を定めているだけで、全世界の国民との条約ではない」とのことだ。諜報活動の違法性という課題には、真剣に向き合う必要がある。しかし少なくとも米国では、テロ等が起きる前に、法律違反ギリギリのラインで情報収集活動をして、点と点を結び付けていくことこそが、自国でのテロ対策をはじめとする国家安全保障の強化に繋がるのではないかと考えられている。

オルセン元NCTCセンター長は、外国諜報活動偵察法702条ほど絶大な権限を握り、役立った法律はなかった――と述べている。そしてFISAや米国憲法修正第4条からしても合法であり、不正行為は見られていないと主張していた。

この外国諜報活動偵察法等に基づいてNCTCも、例えば国家安全保障局（National Security Agency：NSA）等と情報共有が出来る。このNSAが世界中の人々のインターネット上の情報を収集していることを、2012年12月に暴露したエドワード・スノーデン氏は、NSA等の正式の職員だった時期もあるものの、内部告発をした時には、NSAと契約している民間のIT企業の従業員だったことは重要だろう。この時点で約50万人の民間企業従業員が、米国政府の情報活動等に従事していたという。ただし彼らは、米国政府の秘密保持基準等を満たしていた。

このように米国では、テロ情報等は各省庁間だけではなく、民間企業まで含めて共有できる仕組みが出来上がっている。それでもプライバシー等を守るため、第三者の裁判所等が監視者を監視してもいれば、テロ情報等に関して政府と協力する民間企業の関係者にも、厳しい基準を設けたりしているのである。

これを日本で出来ないだろうか？厳しい基準を満たした人なら民間警備会社の人も警察等と直接的に監視カメラの映像等を情報共有できる。電子メールやSNSを運用している民間企業の持っている情報を警察等と共有することも同様である。

第三者委員会のようなところが監督を行うことで、各省庁間だけではなく、官と民の間でも、テロ関係情報の共有やマイナンバー等を使った個人の動向の監視等が、プライバシー侵害にならないようにする。これが出来れば日本のテロ対策能力は、飛躍的に高まる。

その時プライバシー保護のための第三者機関は、日本では内閣府に置かれるのが自然だと思う。日本は米英のような判例中心の法体系ではなく、行政府が国会に提出し成立させた条文中心の法体系の国である。国会の特別委員会の討議の内容等を、若い政治家が有力議員に漏らさせないような政治文化も、未成熟である。

内閣府は既に特定秘密保護法案に関して、適切な運用を監視する役割の一部を担っている。その延長でテロ情報の省庁間や官と民の間での情報共有が、プライバシー上の問題等にならないか監督する役割を担っても自然と思う。そうすると民間警備会社等の従業員の機密保持基準の策定や審査等も、内閣府が行うべきだろう。

このように監視社会を恐怖の社会にしない方法は、幾らでもあるのである。そのような努力が日本でも行われることを、一国民として願って止まない。

提言　日本はテロを阻止できるか？

序論　国際テロの新時代

２０１５年11月13日、パリで発生した過激集団ＩＳによるテロは、１００人以上の死亡者を出す大惨事となった。その翌12月に米国カリフォルニア州で起きた、やはりＩＳに感化された若者による同様の事件でも、14人の死亡者が出ている。その後も２０１６年３月22日にブリュッセルで、６月11日にはフロリダで、数十人が殺害される大規模なテロが起こった。７月１日にバングラデシュのダッカで起きた事件では、その地の経済発展に協力しに行った７人の日本人が命を落とした。その後もフランスのニースやドイツのバイエルン等、世界各地でテロが頻発し続けている。

世界はテロが渦巻く新時代に突入したのである。同様の悲劇を日本国内で絶対に起こしてはならない。テロの時代から日本人の命を守らなければならない。

２０１５年１月のＩＳによる邦人人質事件以来、次は日本国内ではないかという危惧を持った私は、同事件以降に、米国や日本国内で、もし日本のテロ対策に問題があれば発見し、改善を提言するべく取材を続けた。

その結果、日本政府のテロリスト入国阻止政策さらにテロ対策政策全般には、余りに問題が多いことが分かった。それに関して出来るだけの報告を行い私なりの改善策を提案したい。

1 米国政府の不安

まずワシントンで取材を始めた私は驚いた。日本のテロ対策政策は関係者から低く評価されている。ワシントンから眺めると米国国家テロ対策センター（ＮＣＴＣ）が持つ１００万人の国際テロリスト情報は、部分的にでも日本の警察庁に渡っている形跡もある。だが有効活用されているかには疑問がある。

ＮＣＴＣは、国家情報長官事務所（ＯＤＮＩ）に属する。ＯＤＮＩは、米国に16ある情報機関からの情報を集約している。特にテロ情報を扱うのがＮＣＴＣである。そして、ＯＤＮＩの日本側協力省庁は、内閣情報調査室である。従ってＮＣＴＣは、ＯＤＮＩを通じて内閣情報調査室と定期的に情報交換しており、必要な時にも情報の遣り取りが出来る。そして内閣情報調査室に来たテロ情報は、内閣情報調査室から、日本の各関係省庁に、伝えられる筈なのである。

しかし米国側は、日本の省庁間の情報共有等に関して疑問を持ち、NCTCから警察庁等に直接、テロリスト情報が行くこともあるようだ。それを警察庁が法務省や、その下にある入管等と共有しているのか？

情報を入管等と共有するかは、警察庁の判断であり、警察庁がNCTCの情報を入管等に渡すとは限らない。テロリストの入国後に逮捕し功績を上げる等の目的で、警察庁が入管に情報を共有しないことも考えられる。

そもそも内閣情報調査室は、確かに警察からの出向者が多いものの、法務省、防衛省、外務省等からの出向者もいれば、内閣情報調査室に直接採用された人もいる。彼らの力関係により、NCTCからの情報が、警察庁等にも行かない

米国のテロ対策関連組織

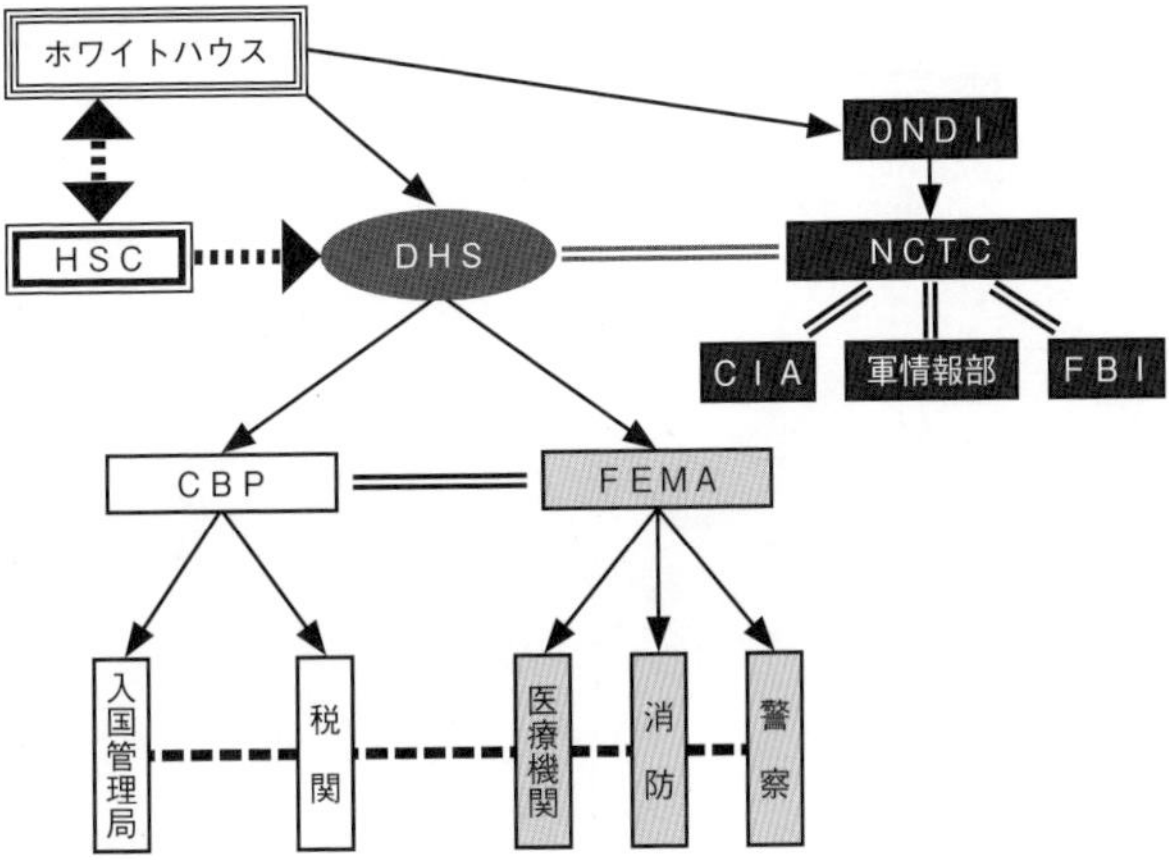

可能性もある。法務省、防衛省、外務省も、同様である。そこで各省庁が、個別にNCTCとの接触を図っている形跡もある。

もし何れかの省庁が、NCTCからの情報を、他の省庁と共有しなかったために、テロが発生し多数の国民が亡くなった場合、当該省庁は重大な責任を追及される。そこでテロ対策関係省庁は、出来るだけ他省庁と、NCTCから直接得た情報を共有するようにしてはいる。

逆に考えると各省庁は、やはり自らの省益中心でものを考えている。NCTCの情報を他省庁と共有するかは、当該省庁の省益に基づいて判断される。

これで国民をテロから守れるのか？　さらに米国政府や国連関連機関等も、テロリストや関係機材等が、日本経由で世界を動くのではないかという不安を抱いているのである。

2　日本の問題点

その原因である日本の省庁縦割りを解決し、省庁間の情報共有と省庁間調整をする役割は、内閣官房に期待されている。だが、その役割を内閣官房は果たせていない。

例えば２０１５年12月８日、日本政府は、外務省に省庁横断で情報を収集して分析する「国際テロ情報収集・集約ユニット」を新設した。これを作らせた「国際組織犯罪等・国際テロ対策推進本部」も内閣官房の中にあり、官房長官を本部長とし関係八省庁の副大臣により構成される。だが、これは名前のとおりに国際的組織犯罪等の全般に関するもので、テロ対策を主に行ってはいない。

この下に警察庁、法務省、外務省、防衛省等の担当者からなる「国際テロ対策幹事会」という国際テロ全般に関する政策を立案する会議もある。少し参加メンバーが変わり、それこそ税関、入管等も参加している「水際対策幹事会」も別にある。両方とも内閣危機管理監が主催し、関係する10前後の省庁の局長級で構成される。

そして今回、外務省に新設された「国際テロ情報収集・集約ユニット」を、いわば監督する「国際テロ情報収集・集約幹事会」という類似したものまで、今までの二つとは別に、内閣官房内に新設された。これは内閣官房事務副長官が主催するが、参加する省庁等は大きく変わらない。

余りに重複や無駄が多いのではないかという批判もある。何れにしても以上の各「幹事会」は、年に何回開催されるか？

二回である。これでは関係省庁間での情報共有の失敗が起きても当然だ。さらに内閣官房は、例外者もいるが、殆ど数年で本籍に戻る各省庁からの出向者で成り立つ。それでは国全体より本籍省庁に目が行く。

いわば縦割り組織の連絡所である。形式的には憲法が首相に与えた指揮権を補佐しているが、実際に強い調整が、望める状況ではない。人員も不十分で、新設されたNSCも内閣危機管理監室も、各80人程度しかいない。

実は何かが起きた時に政府全体を動かす組織としては、NSCも内閣危機管理監室も、良く出来てはいる。特に内閣危機管理監室は、設立されてから20年に渡る経験の蓄積がある。NSCも、その影響を受けている。だが80人の人員では、出来ることは限られている。東日本大震災と福島第一原発事故への対応が、後手に回った原因も、内閣危機管理監室の人員不足にあるという説もある。

そして危機管理で最重要なものは、平時の演習およびその前提として新しい事態に対処するための企画・立案である。その演習や企画・立案も、人員不足等のため十分に出来ていない。しかも自然災害や朝鮮有事等に関係する演習も必要なので、テロ対策関連の演習も、やはり年二回程度である。

それも霞ヶ関の省庁間演習のみで、出先機関――例えば在外公館や地方の警察、消防等まで含む演習は出来ない。前記の「国際テロ情報収集・集約ユニット」が、内閣官房ではなく外務省に置かれるのも、各省庁が出先機関との関係を、他省庁と共有することに抵抗があるためでもあるのではないか？

これで想定外のテロに対処できるのだろうか？　例えば同じテロ集団が、国内と海外で同時に人質事件を起こした時、効果的に対処できるだろうか？　いや日常の省庁間調整さえ不十分ではないか？　根本が見逃されている。それは何か？

3　入管、税関とCBP

２０１５年４月８日、米国政府をも動かすと言われるブルッキングス研究所で、税関・国境警備局（Customs and Border Protection：ＣＢＰ）長官リチャード・ギル・ケルリコースキー氏の講演が行われ、私も聴講した。ＣＢＰとは９１１の後に米国が作った国土安全保障省（ＤＨＳ）の一部である。それ以前は、司法省に所属の入国管理局と財務省に所属の税関が、合併したものである。この二つが別々の省庁に属していたことが、テロリストの入国を容易

CBP 長官リチャード・ギル・ケルリコースキー氏

にしたのではないか？——という反省による合併だった。

いかなる方策を駆使してテロリストや危険物の持込みを防ぎ、かつ米国の経済や財政に負担を掛けないようにしているか？——詳細な内容の講演だった。

質疑応答の時間に私は質問した。「日本政府との協力関係は、どうですか？　日本の、どの省庁が、ＣＢＰの協力相手ですか？」それに対しケルリコースキー氏は「日本政府とは緊密に協力しているつもりだが、どの省庁がＣＢＰの日本側協力省庁かに関しては、〝I am not sure!〟」

このような状態の原因は、日本で入管と税関が、法務省と財務省に所属したままだからである。例えばＣＢＰが、テロの要注意人物と考えている人物が、大規模テロにも使い得る機材等を別送品として送り、自分も日本行きの飛行機に乗ったとする。正規のルートでは、ＣＢＰからＤＨＳ本省そこからＮＣＴＣそして上部機関のＯＤＮＩに情報が行く。その情報が内閣情報調査室に渡り、それが法務省から入管あるいは財務省から税関に行く。

だが、これでは時間が掛かり、テロリストの日本への入国を許すかもしれない。そもそも、このプロセス自体の信頼性が、高くないことは前述した。

しかしＣＢＰと日本の入管は、不法移民問題等で情報交換は行っており、そのルートで非公式的に直接ＣＢＰから日本の入管に、情報を伝えることは可能かもしれない。だが日本の入管が、非公式情報に基づいて、要注意人物の入国等を拒否することは難しい。

また入管は、前述の公式ルートで米国から得た情報等に基づき、要注意人物のリストを作っている。だがリストに載った人物が日本に来た時、必ず入国拒否できる訳でもない。特別な事情が無い限り入国を許さざるを得ないのではないか？

その人物が入国したという情報を、入管は警察等に提供するだろうか？　その人物が国内で大規模テロを行った場合、入管の重大な責任問題になる。そこで入管が警察に情報提供をすることは期待できる。だが必ず入管が警察に、情報提供するとは限らない。

警察も入管と同様の方法で、要注意人物のリストを作っている。それが入管と同じ内容である保障もない。

またCBPが非公式ルートで入管と税関の両方に要注意人物と大規模テロ可能な機材等が日本に向かったという情報を提供しても、それが入管と税関の間で共有される可能性も低いのではないか？　しかし以上の情報が確実に入管と税関で共有されれば、〝大規模テロ可能な機材を持ち込もうとしている以前からの要注意人物〟を見分けやすくなる。あるいはシリアに極秘渡航した人物も、人と物の両面から見れば見分けやすくなるかもしれない。

そうなれば入国を拒否するか、あるいは警察に通報する可能性も高まるのではないか？

4　日本版国土安全保障会議（HSC）設立の提言

やはり私が拙著『911から311へ―日本版国土安全保障省設立の提言―』（近代消防社刊）で提唱した、日本版DHSか少なくともCBPは必要である。日本版CBPがあれば、要注意人物と危険物の両方に関する情報を共有し、テロリスト入国阻止の可能性も高まる。

さらに日米双方に同じCBP的な組織があれば、長大かつ不確実なルートを使わなくとも、両国のCBP同士が直接情報交換することも正当化できる。

これに警察や消防、自治体等まで巻き込んで日本版DHSを作れば、もしテロリストが入国した場合でも、CBPと警察等の情報共有によって、テロリストの追跡が容易になり、テロを起こされた場合でも、警察と消防や自治体が、一体となって被害軽減ができる。

例えば化学テロの被害軽減の方法を、県警と各消防本部が共有し、効果を高めることもできる。自治体を通じ各医療機関に、治療に必要な情報や薬品等を提供できる。

因みに米国でエボラ出血熱やジカ熱が問題になった時も、この一連のシステムが、西アフリカや南米からの帰国者の居住自治体との間で作動し、エボラ出血熱等による被害拡大を防いだ。国際感染症等への日本の対処にも、応用可能なのである。

直ぐに日本版DHSを作るのは、難しいかもしれない。米国でも911がなければ、税関と

日本のテロ対策関連組織の現実

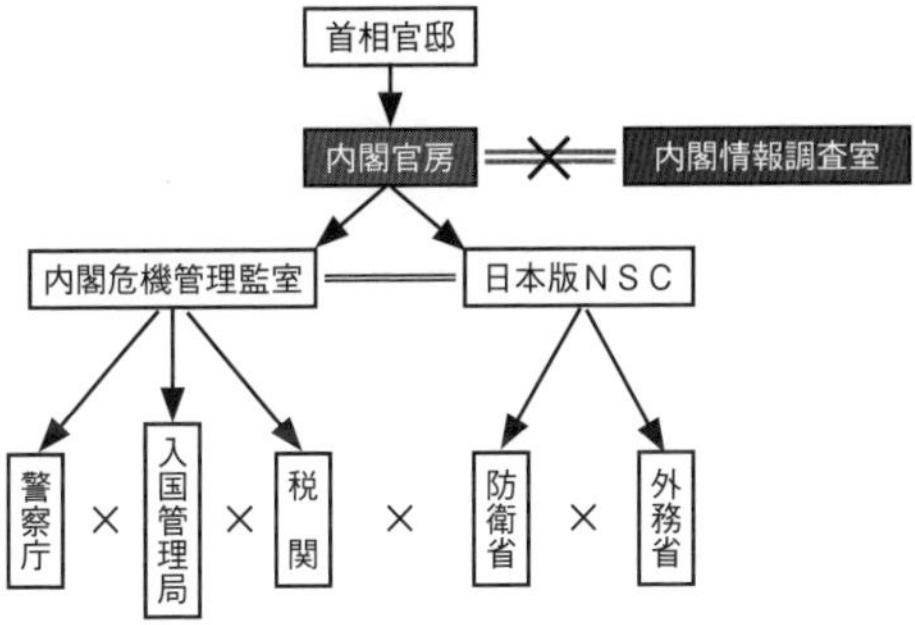

筆者の考える日本の危機管理の理想

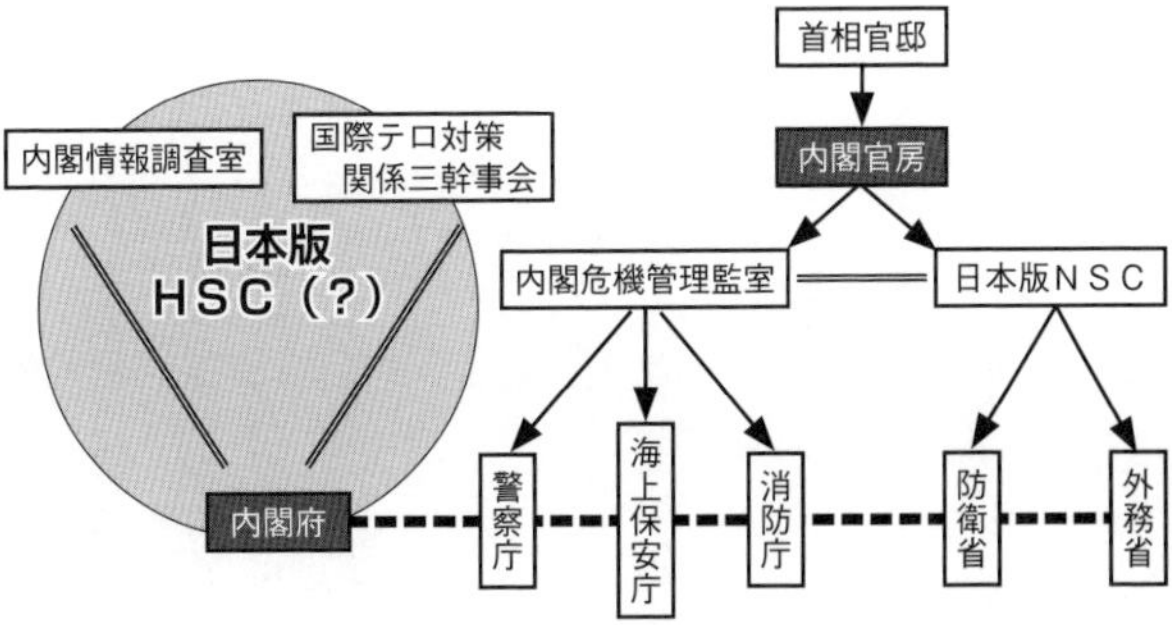

入管を財務省と司法省から分離して、ＣＢＰを作ることは、難しかったようだ。

それならＤＨＳの前段階で作られ、今でもＤＨＳ関係の政策を企画し大統領に提案しているホワイトハウス内の国土安全保障会議（ＨＳＣ）の日本版を、作ることは出来ないか？

米国では企画部門と実行部門の分離に、非常に注意が払われている。それは本書に掲載された米側の要人のインタビュー等を見ても明らかだろう。実行部門の関係者が企画に関わると、実行部門の現状で出来る企画しか出来ない。そして実行部門が行った政策は、間違っていないという前提で、次の政策が動く。

日本の内閣官房が、それである。縦割り省庁の関係者が集り連絡を行う場でしかないため、各省庁が想定できない事態を想定し、それに基づく演習を実施し、省庁間の情報共有を常に起こすことは難しい。

そこで私は『９１１から３１１へ』の中で内閣府の強化を主張した。内閣府で縦割り省庁とは異なる人材を育て、各省庁が想定できない事態への対処を企画させ、それに基づく演習も行う。それに各省庁だけでなく出先機関――在外公館や警察と消防あるいは税関と入管も関係させる。

そのような縦割り行政解消のために内閣府は作られた筈だ。それが軌道に乗ってはいないことも事実である。その原因の一つとして人材の育成が上手く行っていないことも事実である。それは内閣府の活動が軌道に乗らないから良い人材が集らず、良い人材が集らないから内閣府の活動が軌道に乗らないという悪循環の結果でもある。

もしＮＣＴＣやＣＢＰからの情報が内閣府に置かれたテロ対策部門に集中し、そこから各省庁に行くような形になれば、内閣府の影響力が飛躍的に増大し、良い人材が多く内閣府に集る善循環が起こる。そうして新規採用者を育て、他省庁でテロ対策政策に関係して来た人材に本籍を内閣府に移してもらえば、行革にも逆行しない。

ＨＳＣもＤＨＳも、そうして誕生した。ＨＳＣが活動を始めたら必要に迫られＤＨＳが作られた。だが各省庁に分散した人材等の結集のみで行革に逆行していない。

日本国民をテロから守るため、内閣府にＨＳＣ的なものを置くことは急務である。それを必要に応じて増強してＤＨＳ的なものに育てるのが現実的だろう。

結論　未来に向かって…。

２０１６年３月30日ワシントンのヘリテージ財団で開かれた〝Counterterrorism, Collection Authorities and the Rule of Law〟というパネル・ディスカッションを聴講した私は、質疑応答の時間に、パネリストの一人で２０１１年から２０１４年に掛けてＮＣＴＣのセンター長を務めたマシュー・オルセン氏に「日本との協力関係は、どうなっているか？」と質問した。するとオルセン氏は「ＣＩＡもＦＢＩも、日本の政府機関とは密接に協力しています。」と答えた。

そこで私が「ＣＩＡもＦＢＩも、テロ情報はＮＣＴＣに送り、それをＮＣＴＣはＯＤＮＩに送り、それをＯＤＮＩは内閣情報調査室に送るのが公式ルートの筈です。この公式ルートが信用できないから、ＣＩＡもＦＢＩも、個別に警察庁等の日本の政府機関に、接触しているのではないのですか？」と再度の質問を行った。するとオルセン氏は、黙って頷いた。やはり少なくとも最近まで、日本のテロ対策に関する他国との協力等は、上手く行っていなかったのだ。

だが本書の一つの総括とも言うべき礒崎陽輔前首相補佐官インタビューによると、日本版ＮＳＣ設立のお陰で、そこを中心に前記のような各省庁の情報共有は、少しづつ改善されているという。それらの努力により日本の各省庁間の情報共有が進めば、国際テロが日本国内で発生することを、未然に防げる可能性は徐々にでも高まるだろう。

だが繰り返すが外務省、防衛省等の実行部門の代表者が集まるＮＳＣ等の内閣官房とは別に、テロ対策に関する企画立案を行う部門を内閣府にも置くことは不可欠だと思う。私が意見交換した日本政府の関係者の中でも、礒崎氏を含む改革に積極的な人々は、この考え方に強く反対はしなかった。いわば内閣府は〝政策のインキュベーター〟なのである。

それだけではない。本書の後半で日本では、民間警備会社が意外な発達をしているにも関わらず、警察等はプライバシー問題等のために、その民間を含む他の組織と共有した方が、テロ対策を有効に行える情報の共有が、出来ていないことを明らかにすることが出来たと思う。それに対しては上記の〝Counterterrorism, Collection Authorities and the Rule of Law〟等の中でも、911以降の米国が、外国課報活動偵察法702条等に基づいて、組織間の情報共有を行い、しかしプライバシー保護等にも十分以上の配慮が行われていることも大に語られた。日本で外国諜報活動偵察法のようなものが、必要なことは明らかだ。

それだけではなく日本国産のローンウルフ・テロのようなものの防止には、最終的には Facebook 社や Google 社のようなIT企業等が持っているビッグ・データを、政府が活用することも、必要になって行くだろう。これは極めて重大なプライバシー問題である。そこで米国等でもIT

NCTC元センター長のマシュー・オルセン氏

企業と政府の間に、NGOが入るケースも多い。

そして、そのような人々のプライバシーを守るための監督にも、内閣府が重要な役割を果たすことが自然なように思われる。裁判所や国会の特別委員会のようなところに任せるには、米国と法体系や政治文化の異なる日本では難しい。そこで特定秘密保護法に関して既に、類似した役割を部分的にでも果たしている内閣府が行うのが、自然ではないか？

またバングラデシュのダッカ事件を見ても、日本の政府関係機関や企業も、民間警備会社や民間軍事会社による大規模な警備を、海外でも必要としていることは明らかである。それは米国の政府機関等でもNGOが間に入って行うケースが多い。直接の契約には、やはり色々な問題もあるためである。

そのような民間のIT企業や警備会社と政府機関等の間に入るNGOの育成等も、内閣府の役割ではないか？ NPO制度が出来た当初は、大規模なNPOの認可等は、内閣府が行っていた。今でもNPOの認可等のガイドラインは内閣府にある。ノウハウ等もあるのではないか？

そのような良い方向に日本全体が向かって行くように関係者が尽力してくださることを私は信じたい。そして私自身、今後も微力を尽くして行きたいと考えている。

おわりに――人類の歴史は、テロの歴史

人類の歴史は、テロの歴史であった。

牧歌的な狩猟採集文明は、しかし物財の点では貧しく不安定だった。そのため人類は、より物財の点で豊かで安定した農業文明を生み出した。だが農業文明は、狩猟採集文明に比べて、相対的には厳しい管理社会であり、また物財や権力等の格差の大きい社会であった。

そこで狩猟採集文明への回帰を主張したのが旧約聖書である――という理解も出来るだろう。だが物財の点で豊かで安定した農業文明を、押し留めることは出来なかった。

そのため旧約の教えを改善し、農業文明社会の中で管理や格差を縮小する思想を確立し布教したのが、イエスであり聖伝道者パウロであった。イスラム教の成立にも同様の側面が見られるのかもしれない。

しかし、そのような高等宗教も、農業文明より物財を豊富に安定的に供給できる近代的工業文明の成立する前後に、いや成立した後も、その近代的工業社会への不適応者を抹殺したり、

あるいは不適応者間の生き残りのための殺し合い――すなわちテロを肯定するための道具のようになってしまった。

近代的工業文明は、農業文明以上の、物財の豊富で安定した供給を実現した代わりに、管理の強化や格差の拡大ももたらした。それに抵抗するため１８１０年代のイギリスで、近代的工場等を破壊して回るラッダイド運動が吹き荒れた。しかし工場等を幾ら破壊して回っても、それを資本家達は直ぐに修復してしまった。単なる破壊主義では、無意味だったのである。

そこでマルクスとエンゲルスは『共産党宣言』を発表し、近代的な工業文明の中での平等社会の実現を唱えた。その『共産党宣言』も、共産党幹部が対立分子を大量殺人するテロを、正当化するものにしかならなかった。

しかし共産主義者の暴力と闘うために旧西側資本主義諸国は、ケインズ以来の修正資本主義を生み出し、近代的な工業文明の一種である資本主義の内部改革を進めた。それは一応の成功を収め、ソ連崩壊を招いた。

だが、その途中のプロセスで出てきたコンピューターを駆使した新しい管理システムは、工業社会以上の厳しい管理と格差の社会であった。それへの抗議こそが現在のテロである。

単なるイスラム教の問題ではない。実際、日本にもＩＳの先輩格とも言うべきオウム真理教があった。

ＩＳもオウム真理教も、コンピューターを駆使して新しい格差社会で、格差の上の方に行けそうな特殊な理系エリートが多い。それはローマ帝国の市民権を持っていたパウロや、自らが工場を幾つも持っていた資本家だったエンゲルスと、同じ心理だろう。自らよりも条件の良い者が現れて、格差の下の方に蹴落とされることに対する不安こそが、彼らのモチベーションだったのではないか。

そして今の格差とは、単に資産の格差だけではない。コンピューターを駆使して超複雑な金融関係の取引や、あるいは超高度なソフトウェアの開発等の仕事を、グローバルに行う頭脳等を持っているかどうかによる格差である。人間には生まれつきの適性がある。もし教育無償化のような政策を実現できたとしても、格差の上に入れる人は、限られていると思う。

そして宗教も共産主義も、テロを肯定する役割しか果たせなかった。わずかに光明があるとしたら、テロを恐れる余り、今までの文明社会では、管理と格差を緩める努力が行われ、それが一定の成果も上げて来たことだろう。しかし今日のコンピューター管理社会では、それも難しいのではないか？　前述した個人の適性の問題が、大きいからである。

本書は重度の難病患者に対して延命治療か、せいぜい重度の障害者になって長生きが出来るようにするための処方箋でしかないのかもしれない。そのように考えて私は憂鬱である。

だが私は、今後も処方箋を書き続けるだろう。何時か誰かが特効薬を、開発してくれるかもしれない。イエスやマルクス以上の人類の救世主が、何時か現れるかもしれない。

そして、そのような思想が現れるとしたら、わが日本から現れる可能性が低くないと思う。

コラム「監視社会とは恐怖の社会か?」の中で書ききれなかったが、〝監視社会とは恐怖の社会である〟という考え方自体が、この宇宙や人間を創造し動かしている超存在が、人間の外側にあるという、聖書文明的な発想から来ているように思われる。この考え方からすると、人間同士による〝監視〟とは、超越者と人間との関係を断ち切って、人間精神を破壊する恐ろしいものということになる。

〝監視社会とは恐怖の社会である〟という考えを象徴する文学作品であるジョージ・オーウエルの『1984』で、主人公が最後に辿り着く心境だろう。この宇宙や人間を創造し動かす超存在が人間の外側にあるという発想をしていると、人間相互の監視から絶対的に逃れられない状況は、各人が超越者との精神的結び付きを絶たれ、精神を破綻させるものでしかない。

私には『1984』のラストで主人公が到達する精神的破綻の境地が、三島由紀夫の最後の超大作『豊饒の海』のラストで、副主人公が到達する境地に、どこか似て見える。この宇宙や人間を動かしている原理は、仏教では本来は、人間の心の深淵にあるものである。〝輪廻転生〟とは、この深淵にある原理の永遠性を意味するのであって、単純な〝生まれ変わり〟を意味するものではない。単純な〝生まれ変わり〟の思想は、この宇宙や人間を動かしている原理は、人間の心の外側にあるという、聖書文明にも近い間違った仏教の理解だと思う。他者の肉体を借りて他者（人間の心の外側の存在）として、誰かが死後に再生するという思想なのだから…。

この間違った仏教理解に陥ったために副主人公は、自分が友人の生まれ変わりであると信じた少年の存在を否定されることで、精神的に破綻する。ここで〝この宇宙や人間を創造し動かしている原理は、人間の心の深淵にある〟という仏教本来の思想に回帰出来れば、副主人公は精神的に再生できる。あのラストは、そのような〝救い〟の余地が残されている。

この副主人公の精神的混乱は、聖書的な欧米文明を受け入れてしまった明治時代以降の日本人の、心の迷いそのものなのかもしれない。例えば生まれ変わりの友人の存在といった他者との関係性に依存し、さらには人間相互の監視を恐怖する心理は、聖書的な〝この宇宙や人間を創造し動かす超存在は、人間の心の外側にある〟という発想から来るものであることは繰り返し述べた。超存在と各人との精神的関係を断ち切り人間精神を破壊するからである。

しかし〝この宇宙や人間を創造し動かす原理は、人間の心の深淵にある〟という仏教本来の思想や、あるいは日本古来の自然との調和の思想の立場に立つ時、他者による監視は、決して人間精神を破壊するものではない。なぜなら人間は、常に宇宙や人間を動かす超存在と、繋がっているからである。人間相互の監視等で、それが断ち切られることはない。

この日本文明的な考え方が見直され理解されれば、日本だけではなく全世界的に、監視社会は恐怖の社会とは、思われなくなるのではないだろうか？　それどころか他者からの監視は、各人が自らの心の深淵にある真理を見つめ直すための、良い意味の圧力になるものという、肯定的な考え方さえ出来るようになるかもしれない。そうすればテロ等の予防もし易くなる。

テロ行為だけではない。他者との関係性を重視する考え方から解放されれば、〝格差〟等も重大な問題とは、認識されなくなるのではないか？　テロも減っていくのではないか？

われわれ日本人は、自らの文明の本質を理解して、それを全世界に誇示して行くべきだろう。それが出来れば21世紀は、テロの時代にならないかもしれない。われわれ日本人の歴史的使命として、自覚して行かなければいけない問題だと思う。

さて色々と考えたが本書は、私が慕って亜細亜大学に進学した倉前盛通先生に捧げる書としたい。倉前先生は１９８０年代には日本の保守派の指導的なオピニオン・リーダーであったが、平成時代に入って間もなく逝去され、そのご業績も、何故かほとんどが忘れられている。

倉前先生を覚えている人々には「地政学」が有名だろう。これは欧米世界では、国際政治を考える上での常識である。戦前の日本でも同じだった。だが何故か戦後日本では、先生がご活躍になった一時期以外は、タブーに近い特殊な存在のようになっている。今こそ地政学が、日本でも蘇るべき時だろう。中国の膨張等と闘うために…。

しかし私見では倉前先生の「地政学」に勝るとも劣らないご業績が『前頭葉国家論』(外交時報社:昭和44年刊)であり『情報社会のテロと祭祀』(創拓社:昭和53年刊)である。この両書の中で倉前先生は、911以降の人類の社会を、完全に予言していたと言って良い。今こそ蘇るべき良書であろう。

私は若き日から健康その他に問題があることもあり、〝はじめに〟で書いた中村忠彦氏や、もう一人の人生上最高の恩師であり、三島由紀夫、石原慎太郎といった人々の親友だった村松剛筑波大学名誉教授の、ご葬儀にも出られなかった。倉前先生も同様であった。

本書は前述の『前頭葉国家論』や『情報社会のテロと祭祀』の、拙い後継研究である。これで少しでも、大恩を受けながらご葬儀にも出られなかったご無礼に対する、謝罪になればと思う。重ねて倉前先生を含む多くの私にとって父親代わりになってくださった恩人の方々の、ご冥福を祈らせて頂きたいと思う。

《著者紹介》
吉川　圭一（よしかわ　けいいち）
亜細亜大学国際関係学科を経て筑波大学大学院で経済学修士を取得。参議院議員公設秘書、国際問題評論家ペマ・ギャルポ氏事務所特別秘書等を経て2002年独立。GLOBAL ISSUES INSTITUTE 代表取締役。2011年４月、３１１を契機として一般社団法人日本安全保障・危機管理学会（ＪＳＳＣ）ワシントン事務所長。講演歴多数。
〔著書〕『３１１以降――日米は防災で協力できるか？』（近代消防社、2015年刊）、『９１１から３１１へ―日本版国土安全保障省設立の提言―』（近代消防社、2013年刊）、『楯の論理』（展転社、2002年刊）
〔連絡先〕ＵＲＬ　http://www.g-i-i.net/

KSS 近代消防新書

010

日本はテロを阻止できるか？

著　者　吉川《よしかわ》　圭一《けいいち》
2016年9月28日　発行
発行所　近代消防社
発行者　三井　栄志

〒105-0001　東京都港区虎ノ門2丁目9番16号
（日本消防会館内）
読者係（03）3593-1401㈹
http://www.ff-inc.co.jp

ISBN978-4-421-00888-3　C0236
価格はカバーに表示してあります。